わが子の不登校に向きあう親たちの軌跡

—葛藤を越えて家族が歩みだすために—

松本訓枝
MATSUMOTO Kunie

文芸社

はじめに

　本書は、不登校の子どもをもつ親たちの声を通して、不登校の現実を著しました。親にとってわが子の不登校はどのような問題としてあるのでしょうか。また、親の会に参加することで、どのように対応しようとしているのでしょうか。本書は、これらのことを親たちの声を通して描き出し、わが子が学校に行かないことで苦悩する親たちへの理解と支援の一助となることをねらいにしています。

　本書を書くきっかけになったのが、一九九七年に不登校の子どもをもつ親たちが集まった登校拒否・不登校問題全国のつどいでした。京都の同志社大学を会場に開催され、当時大学院生であった私は初めて参加しました。一泊二日で、小学生、中学生、高校生等の分科会に分かれてお互いの子どものことについて話し合い、二日目の閉会の際に『希望つむいで』という歌を参加者全員で歌いました。この歌は、大阪の親の会の母親たちが書き留めた子どもへの思いを、村上雅人・清子夫妻が作詞・作曲したものです。

桜が咲くといつも　悲しかった
つぼみと一緒にふくらんだ夢が　今年もまた消えてく
すれちがう制服姿　心の中でけとばした

生きてるなんてつらい　生まれたくなかったと
胸をえぐるあなたの一言　だけど生きていて
生きてさえいてくれたら　いつか笑顔に会えるから
*弱虫でも泣き虫でも　このままの私でいい
花のように草のように　命のままに生きていよう
ゆれる心抱きしめて　あなたと生きよう

悪態ついて家の中　閉じこもっていても
あなたはいつも本当の心　探し続けてた

その小さな後ろ姿に　何度も何度も励まされ
＊くりかえし

私はこの歌の一番をきき、親の子どもへの思いの深さと不登校問題の深刻さにいたたまれず会場を後にしました。その後、親の会に参加しながら、ともに親御さんたちと活動する中で、子どもが学校に行かないことで思い悩む姿を目の当たりにしつつ、そのような状況にありながらも今を生きる親御さんたちの強さとたくましさを感じました。学校に行かないことは子どもの問題であるにもかかわらず、なぜ親が苦悩するのでしょうか。そして、親の会にどのような「はたらき」があるのでしょうか。これらの問いが生じたことが、私が不登校の研究を進め、本書を著す動機となりました。

本書から、学校に行かない子どもをもつ親の状況や現代の家族を取り巻く状況への理解と支援が少しでも深まることを願います。

＊本書では学校に行かない状態を示す用語として「不登校」を使用しますが、本書に

登場する親たちの語りと手記では、不登校、登校拒否のどちらを使用するかは語りと手記をそのまま反映し表します。

目次

はじめに　3

第一章　昨今の不登校の現状

不登校への認識　―家庭の経済的理由から、子ども・親への原因帰属、そして学校教育の課題へ　12
文部省の認識転換　―一部の子どもの問題から全ての子どもの問題へ　15
不登校への支援　17
不登校が問う問題　20

第二章　孤立状態にある親たち

母親たちの子育て責任の内面化と疎外感情　27
周囲からの母親への子育て責任をめぐる批判と孤立　33
父親たちの自己否定感　36

責める／責められる父親　41
母親にとっての不登校　45
父親にとっての不登校　47

第三章　共感的な関係と新しい人間関係　――不登校親の会への参加を通して

共感的な関係の成立　50
新しい人間関係の構築　55
子どもへの見通し　58

第四章　家族再構築の試み　――不登校親の会への参加を通して

母子関係の変化　64
父子関係の変化　71
夫との関係の変化　76
妻との関係の変化　82

母親たちの従順さからの解放　89
父親たちの男らしさからの解放　92

第五章　家族再構築の試みと親の会のはたらき
母親たちの家族再構築の試み　100
父親たちの家族再構築の試み　102
親の会のはたらき　―共感的関係の形成～家族関係の変化　105

第六章　不登校問題と現代家族　―今、大切なこと
親子関係を中心とした日本の家族　114
子どもの問題＝家族の責任？　116
ともにあり、ともに歩む　119

あとがき　124
参考文献一覧　128

第一章　昨今の不登校の現状

不登校への認識

――家庭の経済的理由から、子ども・親への原因帰属、そして学校教育の課題へ

学校に行かない・行けない子どもたちは、決して新しいことではありません。戦後間もない頃には、家庭の経済的理由により学校に行くことができない子どもたち、漁村などで家業の手伝いのため学校に行きたくても行けない子どもたちがいました。戦後、義務教育期間が六年から九年に延長されましたが、家庭の事情により学校に行けない子どもたちがいたのです。今では子どもが登校することが当たり前のことになっていますので、このような状況に驚きを禁じ得ませんが、当時の社会状況の中では十分にあり得ることでした。

その後、日本社会は高度経済成長の下に復興の兆しが見え始めます。そして軌を一にするかのように、主に精神医学や心理学の分野で、経済的に裕福な家庭において神経症的傾向を有して学校に行かない子どもたちの存在が注目を集め始めました。学校に行かない子どものパーソナリティの未発達［平井、一九六六］や母親の過保護／溺

愛［佐藤、一九五九］、父母の過保護／放任［玉井ほか、一九六五］といった親の養育態度などを原因として、盛んに原因探しがなされました。学校に行くことは当たり前のことであるのにもかかわらず、行かない・行くことができないのは、どこかに原因があるとしてその原因を子どもやその親に帰すると捉える見方です。母子分離不安や神経症的状態にある子ども本人のパーソナリティと親の養育態度が密接な関連性をもつこと、子どもの社会性の発達においての家族の重要性が指摘されていました。

当時は家族の機能低下、とりわけ親役割が円滑に担われていない状況に着目し、上述のような知見が数多く見出されていきました。学校に行かない・行けない、不登校の原因を家族のみに帰するという一面的な見方で研究が行われていたのが当時の特徴です。

その後一九五〇年代後半から続いた高度経済成長は、一九七三年のオイルショックを契機に、低成長・安定成長へと移行し、第一次オイルショック後、都市化による核家族化が進行し、一九七〇年代後半からは校内暴力、非行等の学校の荒れが噴出し、不登校出現率も上昇しました。このような社会背景や学校の問題状況の波を受ける形で、不登校の原因を学校教育に求める研究が現れました。これは、家族関係のみに着目して論じることの限界が生じてきたことによります。

例えば、子どもたちの学校に行かない・行けない要因を子ども本人や親の養育態度に求める見方から、受験競争を中心とした学校教育の課題とそれに巻き込まれた子どもも不在の教育観・育児観に求める見解［渡辺、一九七九］が現れ、「不登校」の原因を家族から学校教育や社会構造へと転化する傾向が見受けられるようになります。

精神科医の滝川氏は、近代化の達成のために創設された公教育制度が、統一的な近代国家と豊かで文明的な産業社会を築き上げる役割を果たし、耐用年数を過ぎたことに言及しました。このような中で、学校を聖なる場とするイメージが失われ、登校することの自明性が子どもたちや社会全体の意識から薄らぎ、不登校が生じやすい状況にあると指摘しました［滝川、一九九六］。高度経済成長期に、私たちの意識下にあった、偏差値の高い学校へ進学し、少しでも給料の高い会社に入り、経済的に困らない豊かな生活をするという図式は、産業構造の変化による非正規雇用者の増大に見るように、今や解体し始めています。

今日、学校へ行く意味とは何なのか、この単純かつ難解な問いを、不登校は問うていると言っても過言ではないでしょう。

文部省の認識転換
― 一部の子どもの問題から全ての子どもの問題へ

文部省（現在は、文部科学省）は、一九八九年に学校不適応対策調査研究協力者会議を立ち上げ、一九九二年に『登校拒否（不登校）問題について―児童生徒の「心の居場所」づくりを目指して―』において、子どもたちは複合的要因から不登校に至り、「登校拒否はどの子どもにも起こりうる」とする見解を示しました［文部省初等中等教育局、一九九二］。文部省は、これまで先述の不登校についての精神医学や心理学の分野の研究と同様に、子どものパーソナリティや親の養育態度を原因として一部の子どもたちの問題として不登校を捉えていました。しかし、それが一転して、不登校の要因を特定することはできず、様々な要因が絡み合っており、一部の子どもだけではなく全ての子どもに不登校は起こりうるもの、全ての子どもたちの問題として捉え直したのです。これは大きな認識の転換であり、この見解は文部省のその後の不登校支援策の分水嶺となる重要なものでした。

ここで、この文部省の認識転換に大きな転向を強いる研究上の知見があったことを付け加えます。それは、現代社会の特徴と不登校との関連を説明した森田氏の研究です。

森田は不登校の実態調査を行い、登校回避感情の経験があると回答した生徒が約七〇・〇パーセントであり、登校回避感情をもちながら我慢して登校している生徒は四二・〇パーセント、これに欠席の生徒一七・一パーセント、遅刻・早退の生徒八・〇パーセントを合わせると、六七・一パーセントに上るという結果を得ました。このことから、不登校現象のすそ野が広がっており、不登校はどの子にも起こりうる事象であることが示唆されました。そして、このすそ野の広がりの要因には、社会の近代化から生じる私事化現象による学校社会と子どもとのつながりの弱まりがあげられています。

森田氏は、不登校とは子どもたちがもつ学校社会への意味づけが満たされないがゆえに生じた現象であり、不登校の背景要因に近代化に伴う私事化のマイナス面（社会や集団への関わりを弱め、私生活への隠遁、社会的な無関心、自己利害の突出）が存在することに言及しています［森田、一九九一］。そして、不登校とは、私事化現象を背景としてどの子にも普遍的に起こりうる状態を発生させているという現代社会論からの示唆を与えています。これまで不登校は、一部の子どもたちの問題として捉えられていました。しかし、現代社会の私事化された動向の中で不登校は「どの子どもにでも起こりうる」とする知見は、こうして、その後の文部省の不登校への認識・対応において大きな転換を強いるものとなりました。

不登校への支援

文部科学省では、平成十八年度に中学三年生で不登校であった生徒にその五年後、二十歳の時点で追跡調査を実施しました［不登校生徒に関する追跡調査研究会、二〇一四］。ここで不登校のきっかけを尋ねた結果（複数回答）を見ると、一位にあがっているのが「友人との関係」五二・九パーセント、次いで「生活リズムの乱れ」三四・二パーセント、「勉強がわからない」三一・二パーセント、「先生との関係」二六・二パーセント、「クラブや部活動の友人・先輩との関係」二二・八パーセントと続きます。学校内の人間関係がきっかけとなる傾向が見て取れます。

ここで留意することは、これはあくまでも不登校のきっかけであり、原因ではないということです。教師や親が不登校の原因を問いただすことがありますが、原因は子ども本人にとってもよくわからず、学校に行かない・行けないことに自責の念を強くもってしまうことが起こりえます。この調査によれば、「自分自身は悪いこととは思わなかったが、他人の見方が気になった」が「そう思う」二三・三パーセント、「少しそう思う」三七・五パーセントで、合わせて六〇・八パーセント、「学校へ行きたかったが、行けなかった」が「そう思う」二七・七パーセント、「少しそう思う」三一・一パーセントで、合わせて五八・八パーセントでした。また、この調査で、不登校となるまでにある程度の期間があり、何らかの兆候が見られることもわかっています。子どもたちは、行き渋りや遅刻を繰り返しながら、何らかのしんどさを抱えながらも登校し、やがて不登校に至ります。不登校に至るまでに、子どもたちのしんどさに気づき、いかに関わることができるかが大切になります。

先述したように、不登校は一部の子どもの問題から全ての子どもの問題となりました。そして、不登校の背景を心の問題として心のケアにシフトし［文部省初等中等教育局、一九九二］、スクールカウンセラーや心の相談員を導入してきました。しかし、その後、先の二〇一四年の追跡調査の第一弾として平成五年度に中学三年生で不登校であった生徒にその五年後の二十歳時点で追跡調査を実施した結果、二二・八パーセントが不就労・不就学の状態にあったことで［現代教育研究会、二〇〇一］、不登校による悩みや自責の念といった心の問題とともに、不登校後の進路形成の問題が指摘され、進路形成に関わる支援が求められるようになりました［不登校問題に関する調査研究協力者会議、二〇〇三］。こうして、不登校であった子どもたちの学びの機会を保障するために、各種の高校や課題レポート等の提出を支援するサポート校などが誕生し、不登校特例校も全国に設置され始めています。

そして現在では、例えば発達障害により友人関係がうまくいかずに不登校となる場合や、家庭の経済的困難やネグレクトにより学校へ行く家庭環境が整っていない場合、その他起立性調節障害といった自律神経の機能不全により朝起きられないなどで不登校となる場合があります。

これらの不登校背景の多様化の中で、個別のニーズに即した多様な支援が求められ、学校教育だけで対応するのではなく、医療・福祉関係機関との連携・協働が何より求められています［不登校に関する調査研究協力者会議、二〇一六］。

そして、こうした連携と同時に、不登校後の進路を、どのように彼らが歩んでいくのかへの支援が求められます。これはより広く言えば、先行き不透明で希望のもてない時代であるからこそ、その後の人生をいかに生きるのかという生き方への支援が一人ひとりのニーズを踏まえて、現代の若者全般に必要になっているのだと思います。

不登校が問う問題

不登校は、研究が始まったばかりの頃は不登校の子どものパーソナリティや母親／

父親の養育態度の病理性を追究した研究が大部分でした。それは母親の過保護／溺愛、父母の過保護／放任が子どものパーソナリティの未発達をもたらし、不登校に至るとするものでした。しかしその後学校や現代社会への注目が集まり、学校・社会の課題と不登校との関連が注目されました。

こうした中で、文部省は「登校拒否はどの子どもにも起こりうる」とする認識へと抜本的転換を図りました。子ども・家族を原因とし不登校は一部の子どもたちの問題として捉えていたのが、近年では社会や学校にその原因を追及し、多様な背景を認めています。不登校は、子どもたち、家族の問題から、現代社会の問題としてみなされているのです。

ここで、不登校が私たちに投げかける問題について考えてみると、それは大きく二つあるように思われます。

一つ目は、学校教育の役割です。「登校拒否はどの子どもにも起こりうる」ことであり、私事化した社会においては必然であるとするならば、不登校への支援は、子どもたちがどれだけ学校に行く意味、意義を見出せるかにかかっています［森田、二〇〇三」。学校は、かつて多くの人々がより高い学歴取得を目指して通うはたらきをもっていましたが、現在は少しずつその足並みを変えています。二〇一六年に公布の「教育機会確保法」（正式には、義務教育の段階における普通教育に相当する教育の機会の確保等に関する法律）では、不登校の子どもたちに学校外のフリースクールや教育支援センター、不登校特例校など多様な学びの場を創出し、学ぶことを保障しています。学びの多様化は、学校教育の役割自体が問われるものです。学校に行くことは、学歴取得以外にどのようなメリットがあるのかを示していく必要があります。子どもたち一人一人が、学校へ行くことの意味を見出せる学校づくりが必要な時期にきているのではないでしょうか。それは不登校への支援といった点のみならず、学校教育全般の改革といった点で言えることでしょう。

二つ目に、不登校問題を通して、私たちの生き方が問われているように思えることです。学校に行かない・行けないことは、学校に行くことを当たり前とすると、言わば普通から外れたことになります。その普通から外れたことを、周りの親、それ以外の家族、そして教師などがどのように捉えるのか。学校に行く・行かないを中心にすれば、不登校は学校に行かないことであるため、普通ではないというまなざしを受けて、学校に行かない・行けない子どもは窮屈な思いをするでしょう。学校に行くという価値、常識から解放されて、いかにその子自身のありのままを受け止められるか。学校に行かない・行けない背景にどのようなメッセージを読み取るのか。私が出会ってきた不登校親の会の親御さんたちは、学校に行かないわが子を理解しようと懸命になっていました。このように、子どもに関わっていくためには、次章から見るように私たちのこれまでの生き方や価値観が折に触れ問われ、再考することにもつながっていきます。

今日、様々な被害や危険を個人が引き受けていく「リスクの個人化」は個々の家族にも波及し、学校に行かない・行けないことをめぐって家族の多くは自助努力での対応を余儀なくされています。家族が、親が、わが子の不登校をめぐってどのような状況に置かれているのか、そして、どのような対応を講じているのか。そのことを通じて、不登校が私たちに問いかけていること、またどういった支援が必要であり、大切であるかということが見えてくるのではないでしょうか。

わが子の不登校問題を通しての親たちの軌跡を紐解きながら、不登校への理解と支援、私たちに投げかけるメッセージについて考えていきたいと思います。

第二章

孤立状態にある親たち

本書に登場する親たちは、不登校の子どもをもつ親であり、不登校の子どもへの関わりに悩み、不登校親の会に参加しています。ここからは、母親二十名、父親十九名への聞き取り調査をもとに、不登校に関わる親たちの軌跡を追っていきます。親たちの姓は仮名であり、本書ではわが子の不登校に関わる典型的な語りを見ていきます。

本書に登場する親たちは、親の会へ参加していることから、子どもへの教育に熱心であり、また、聞き取り調査を行った母親二十名のうち十七名、父親十九名のうち九名と半数以上が親の会の運営に関わり、会の方針に強く影響を受けており、不登校の子どもをもつ親たちの全ての実態を言い得ているわけではありません。しかし、親の会の方針に強く影響を受けているからこそ、不登校への支援を考える際のヒントがそこに隠されていると思います。

全国にある不登校親の会では、不登校の捉え方や子どもへの対応方法に異なる様相が少なからずありますので、一つの親の会の不登校の捉え方、対応方法としてお読みいただければと思います。

母親たちの子育て責任の内面化と疎外感情

専業主婦の高橋さん（調査時五十代・わが子の不登校が始まった当時三十代）の夫は大企業に勤めています。高橋さんは夫といろいろなことを話し合ってゆく家庭を理想に結婚しました。しかし、いつしか夫は仕事のために帰宅時間が遅くなり、一方で高橋さんは子育てに追われる日々を過ごしながら、男性＝職業役割、女性＝家事・育児役割という性別役割分業に絡め取られてゆきました。

こうした日々のもと、夫の転勤とともに三回ほどの転居を経験し、関西に引っ越したのは、その後不登校状態となる子どもが小学二年生の四月でした。最初に引っ越した家は狭かったため再度引っ越し、子どもは少しずつ慣れ始めていた小学校から新たに別の小学校に転校しました。

新しい小学校で、子どもが「給食が嫌だ」「運動会の練習が嫌だ」と言う中で、高橋さんは無理矢理に学校に連れて行ったこともあったと言います。しかし、高橋さんがそうして登校させようとしても、子どもはときに登校する途中で公園内に隠れるなどして、十月から不登校状態となり、それ以後中学校を卒業するまで、卒業式や入学式、中間テスト、学期末テストのときに登校するといった「さみだれ登校」状態となりました。

わが子が学校へ行くことを行き渋りを始めたときのことを、高橋さんは次のように語っています。

この子、学校へ行かなかったらどうなるのか。学校は行くものでみんな行っている。当たり前と思っていたのに、そうじゃない状況に置かれた自分。（自分が）生きている土台からはみ出した感じがあった。［（　）は筆者の補注であり、以下同様］

本書に登場する母親たちの大部分は高橋さんのように、子育て役割を中心に担っているため、自身の子育てが悪かったのではないかとこれまでの子育てを振り返ることで自らを責め、子どもの不登校を自分自身の問題として受け止めます。

高橋さんから発せられた「生きている土台からはみ出した感じ」という言葉は、不登校によって、子どもが既存の学校制度から外れてしまったという感情と同時に、母親自身の子育てに負のレッテルが貼り付けられたことによる感情、そしてそれによって母親として子育てが十分に担えないという、言うなれば自身の生の根幹に関わる危機を表しています。母親たちは子どもの将来を不安視する感情と同時に、自らの子育ての問題としてわが子の不登校を捉えています。

さらに、田中さん（専業主婦、調査時五十代・わが子の不登校が始まった当時四十代）の場合、

もうパニックで。夫に対して子どもがこんなふうになって申し訳ない。うまく子育てできなくて。

と語っています。この高橋さんや田中さんのように、専業主婦として子育てを一手に担っている場合、十分な子育てができない自身を責める感情がより強く生じます。

母親たちはわが子の不登校によって母親として子育てを担いきれない自らを強く意識し、母親としての地位を剥奪される危機、特に専業主婦の場合は子育てを中心に担うことを意識しているほどに、母親として子育て役割をうまく果たせていないと思いこみ、危機的状況に立たされた思いをもつことにもなります。

昔ながらの地域コミュニティの中で生活している斎藤さん（専業主婦、調査時五十代・わが子の不登校が始まった当時四十代）の場合は、近所や子どもの同級生にわが子が不登校状態にあることが知られることを恐れ、「（子どもは）調子が悪い。風邪をひいている」と理由をつけて、わが子の不登校が周囲にわからないようにしていました。昔ながらの地域コミュニティの中では世間体がより強く存在し、不登校はあってはならない行為として見られます。その当時、斎藤さんはわが子が在籍する小学校に登校する子どもたちの姿を見て、次のように感じたと言います。

小学校の近くに住んでいるので、チャイムの音がすぐ聞こえる。制服を着て通る登下校の子どもたちの姿を見ると、すっごい辛い。昨日まで当たり前に（学校に）行っていたのに、なぜ。他の子を見て腹が立ったり。

斎藤さんにとって学校へ行くことは当たり前のことであり、わが子が突然学校へ行かなくなったことをなかなか認められません。学校へ行くことが当たり前であるということは、学校へ行かないことは当たり前ではないこと、社会から逸脱した行為となります。したがって、昔ながらの地域コミュニティが維持されている中で生活している斎藤さんには、わが子の不登校によって、世間体の悪さという壁が大きく立ちはだかります。「制服を着て通る登下校の子どもたちの姿を見ると、すっごい辛い」という言葉に見られるように、わが子の不登校を自分自身の問題に重ね合わせて捉えているのです。

ではここで、共働き世帯においてはその状況が異なるのか見てみましょう。保育士の中村さん（調査時四十代・わが子の不登校が始まった当時四十代）は恋愛結婚をし、家事は夫と分担して行うことを約束していましたが、実際には多くの家事を中村さんが担当し、家庭と仕事の両立に忙しい日々を送っていました。ちょうどその頃に、小学校に入学したばかりの子どもが学校への行き渋りを示すようになりました。その当時のことを回顧し、中村さんは次のように語っています。

職場では、良い保母としてやっていたので、息子がこんなことになって。どうしたらいいのか。

その当時、中村さんは保育士として仕事に遣り甲斐を感じていた時期であり、職場では模範的な「良き保母」として保護者からの信頼も厚くありました。保育士という職業柄、子どもや保護者を指導する立場にある中村さんにとって、わが子の不登校はあってはならないことであり、そこには指導者としての保育士という立場と母親として子育てを担えない自身との大きな乖離に苦悩する母親像があります。

周囲からの母親への子育て責任をめぐる批判と孤立

これらの語りに見られるように、母親たちの大部分は子育てを十分に担えていないと自らを捉え、批判的に自らの子育てを責めます。ただし、母親たち自身が子育てを中心に担うべきという子育て役割の遂行不能者であると内面化し、自らの子育てを責めるだけではありません。そこには常に周囲から母親たちに向けられたまなざしがあります。例えば、公務員団地に住んでいる藤井さん（専業主婦、調査時五十代・わが子の不登校が始まった当時三十代）は団地での主婦同士のつきあいが密な状況下で、そのつきあいにあまり積極的に参加することがありませんでした。そうした中で、子どもが不登校状態となりました。すると、同じ団地に住む母親たちはこぞってこう言ったと言います。

「美樹ちゃん（仮名、藤井さんの子ども）が、かわいそう。こうなると思っていた。

あなたが閉鎖的な考え方だから」

藤井さんが、わが子の不登校を自らの子育て責任と認識していなくとも、その周囲が母親の子育てに原因があるとすることで、藤井さん自身の子育てを担えない母親としての責任は意識化されていきます。この母親に対する周囲のまなざし、それは家族内であれば夫、そして舅姑、親戚、家族外であれば近所、学校教師などに子育て批判をされることによって、彼女らは子育てを中心に担うべき者、子育て役割を遂行できない者として自らを責め、苦悩します。ここで、夫婦共働きの森さん（学校教師、調査時四十代・わが子の不登校が始まった当時三十代）の場合を見ていきましょう。

彼は「お前のしつけが甘いからや。甘やかせるからや。厳しくしろ」と。でも自分は何もしない。朝、「学校行けよ」と言うだけで、何もしてくれない。

夫は森さんの子育てを批判するだけで、実際には何も手を貸してくれません。妻がわが子の不登校に対し、どう関わって良いのかわからない状態を受け止めることができないでいます。その後森さんは、夫の協力が得られないままに一人でわが子の不登校に対応しようとしました。こうして母親たちは周囲から子育て批判をされながら、子どもへの対応をめぐって苦悩し、場合によっては「この子さえいなければ……」という思いにも駆られていきます。また、周囲が母親を責めなくとも、夫や親戚、近所の人々が自身の子育てを批判しているのではないかと心の内に疑心暗鬼が生じ、強い自己否定感情を所有することもあります。母親の役割は子育てにあると、内面化していればいるほどに、この傾向は強くなっていくのです。

母親たちの大部分はわが子の不登校により、周囲から自身のこれまでの子育てを批判されること、またそのようなことがなくとも、母親自らが自身の子育てを非難することで、自らを子育てを中心に担うべき者、子育て役割の遂行不能者として位置づけ、自己否定的な感情を強く所持します。

父親たちの自己否定感

母親たちにとって、わが子の不登校は子育て役割の遂行不能者を意味し、疎外感情と孤立をもたらしていました。では、父親たちにとってわが子の不登校はどのような問題を生じさせるのでしょうか。

電気会社に勤務している西村さん（調査時五十代・わが子の不登校が始まった当時四十代）は仕事に忙しく、夜中に帰宅することが続いていました。子育てに関わることの大切さは理解していましたが、子どもとの関わりは日常的に少ない状態にありました。そのため西村さんは、長期休暇を利用し子どもとキャンプやスキーに行くことを通して、子どもの成長を確認していました。そうした中、中学二年生からわが子が不登校状態となります。

西村さんは相変わらず朝早く出勤し、夜中に帰宅する生活にあり、子どもの様子を把握できない状況にありました。西村さんは家庭で過ごす時間が少ないため、子どもや妻には短時間で用件だけを言っていたと当時を振り返りながら、次のように語っています。

子どもはのらりくらりで、一生懸命に働いてきたのに「これでは、ダメ」、自分を否定されている気分。

わが子の不登校は、西村さんにとって懸命に働いてきたこれまでの自らの生き方を否定するものでした。父親たちは、学校へ行くことなく家にいるわが子を目の当たりにしたとき、自身を否定されているように思えたと言います。働くことを責務としている父親たちには、学校へ行かずに一日中家で過ごすわが子を理解することは不可能であり、父親自身の生き方までも問われずにはいられない事態ともなりうることを、西村さんの語りは示しています。

さらに、西村さんと同じ会社員として働いている伊藤さん（調査時五十代・わが子の不登校が始まった当時四十代）の場合、会社の転勤によって家族で関西に引っ越し、関西の学校に転校してから学校へ行こうとしない子どもをたたき起こして、学校に連れて行ったこともあったと言います。そのような折に父親参観に行った伊藤さんは、わが子が授業中に何回もトイレに行く姿を見て、子どもの状況が深刻であることを知ります。伊藤さんは子どもが行き渋りを始めた際のことを回顧し、次のように語っています。

怠けや。近所に恥ずかしい。会社に言えない。子ども一人育てられないのに、部下の指導なんてできない。(会社に)子どものことを言ったら、足を引っ張られるだけ。

伊藤さんは、会社の人間関係は打算的な関係であると言います。営業マンとして業績主義社会に身を投じているため、社内で自分のマイナスの側面を見せることができません。会社人間であることから、家で何をするでもなく過ごしている子どもを目にすることは、自身のこれまでの生き方を否定されるに等しいこととして捉えられるのです。

そうして、伊藤さんは会社で営業マンとしてのノルマをこなすこと、家庭でどうわが子に関わって良いのかわからないこととの板ばさみの中で、やがて意図的に帰宅時間を遅らせるようになっていきました。社内で指導的立場にあって、わが子が不登校になった際、父親たちはわが子の子育てと、部下の指導・教育を同じに並べ、わが子の不登校への対応ができない自分に自己否定感をもつことがあります。先の西村さんは、次のように語っています。

自分の子どもも育てられないのに、ちゃんと仕事ができるわけがない。

わが子の不登校は、父親として子どもや妻を含めた家族集団をまとめることができなかったこととして捉えられています。したがって、家族集団をまとめることができないことは、同時に職場で部下の指導、統制ができないとする感情をもたらすのです。わが子の不登校は、とりわけ指導的立場にある職業的地位の場合、子どもを不登校にしてしまった父親としての自己否定感を生じさせています。経済的扶養を中心に家族を支えている、言うなれば家族を守っている自負がある父親にとって、わが子の不登校はまさに青天の霹靂です。父親はわが子の不登校を通して、家族をまとめることができなかった自分自身に否定的なまなざしをもってしまうのです。

母親はわが子の不登校によって自らを「子育てを十分に担えない母親」として否定的に捉えてしまう一方で、父親は「家族集団を統制できない父親」として否定的感情を生じさせています。父親は、子ども、妻といった家族という集団をまとめあげる統制力がないこと、指導力がないことを、わが子の不登校によって痛感させられています。

父親たちは、親戚、近所、職場の関係の中で、子どもを一人前の社会人に育てるという父親の役割が果たせず、父親としての立場が保てない状態に置かれています。それではそうした現実の中で、父親たちはわが子の不登校という事実から目を背けるのでしょうか。それとも、そうではなく、例えばその事実を受け容れ、何らかの対応を試みていくのでしょうか。次では、妻との関わりから見ていこうと思います。

責める／責められる父親

先述した西村さんはわが子の不登校をめぐって、一時離婚の危機にあったことを語っています。

一生懸命に働いているのに、あの人と結婚しなければ良かった。……嫁さんの顔を見たら、子育ての責任やと言いたくなるので、家に帰りたくない。顔を見たくない。

これまで懸命に働いてきた西村さんは、わが子の不登校を受け容れることができません。家族に対し経済的役割を忠実にこなしてきたため、家庭内における自身の役割を遂行してきた自負がありました。経済的役割を遂行すること＝父親の役割であると捉えている西村さんは、わが子を不登校に至らしめた母親として、妻を非難してしまいます。子育てを忠実にこなしていないとして、妻を責め立ててしまうのです。

当時、妻は子どもの体調を気遣っていたようですが、西村さんは子どもの体調のことより、自らがこれまで懸命に働いてきた中で仕事の大変さ、社会の厳しさを経験しているがゆえに、学校へ行かないわが子の将来に対する不安が募っていきました。父親たちの幾人かは家族を経済的に扶養することを第一の責務としてそれを遂行している自負から、わが子が不登校であると気づいたときに、妻の子育てを責め立てます。父親役割＝家族を経済的に扶養すること、母親役割＝子どもを育てることとする性別役割分業のもとに、多くの父親たちは家族を経済的に扶養し、父親役割をこなしてきた自負があるだけに、妻の子育てを責め立てるのです。こうして、男性＝職業役割、女性＝家事・育児役割の性別役割分業は、わが子の不登校を通して顕在化し、夫と妻の間で父親役割、母親役割をめぐって対立した関係を生じさせます。

また、場合によっては、妻から責められる父親たちもいます。父親は日常的にあまりわが子に関わらなければ、子どもの状態や妻の状態がいかに差し迫った状況にあるのかについて知ることはありません。したがって、大半の父親は子どもが不登校であると妻からきいた際に、初めは簡単に考える傾向にあります。

ここで、中西さん（公務員、調査時四十代・わが子の不登校が始まった当時四十代）の語りを見ていきます。

精神的ショックは大きかったが、初めは簡単に考えていた。子どもが大変なときに家にいないことで、嫁さんに責められて。仕事が忙しくて、家に帰るのが夜の十時か十一時で。責められても、自分はこれだけやって大変なので、母ちゃん、なんとかしてという思いで。

中西さんは、子どもの保育園の運動会に参加するために休暇を取得するなど、子育てと仕事を両立してこなしているつもりでした。また、休日には歴史サークルなど趣味の活動も活発に行っていました。息子が自室に閉じこもることが続き、家族とほとんど話をしない状態にあるのにもかかわらず趣味の活動に忙しい中西さんに対し、妻は「子どもがこんなことになっているのに……」と非難し、中西さんは趣味のサークルを止めています。

本書に登場する多くの父親たちは、妻からわが子の不登校状態の大変さを言われることで、初めて事態の深刻さに気づく傾向にあります。ただ、子どもの深刻な状態に気づいたとしても、どのように子どもに接して良いかわからない父親たちにとっては、以下の伊藤さんのように思うのが本音です。

悩みを全部こっちに言ってくる。「こうしてほしい。ああしてほしい」こっちも仕事をして、疲れていてしんどい。

大企業の営業マンとして、一週間のうち四日は出張で家を空ける伊藤さんがたまに帰るわが家は、息子の不登校への対応をめぐって、妻が伊藤さんに要求を出してくる状態にありました。伊藤さんにはたまに帰るわが家だからこそ、ゆっくりと身体を休めたいという気持ちがありました。また、日常的に子どもとの関わりが非常に少ないことから、子どもの状況を妻からきくのみで不登校にどう対応して良いのかがわからない状態でした。そうして、伊藤さんは仕事で忙しいことを盾に帰宅時間を遅くし、わが子の不登校という現実から逃避したいと考えました。

わが子が不登校状態にあることを、多くの父親たちは妻から知らされます。そして、始めはその事実を簡単に考えています。しかし、自室から一向に出ようとせず、何をしているのか、何を考えているのかわからない子どもの状況、子どもの家庭内暴力、何よりも妻の差し迫った状況を目にしたとき、父親たちはその現実から目を背けることができなくなってゆきます。

不登校とは子どもの問題であることのみならず、父親の対応いかんによっては、夫婦の関係が問われる問題であることが示されています。

母親にとっての不登校

母親たちの語りに見られたように、母親たちはわが子の不登校と同時に、疎外感情と孤立感を所持していました。わが子を不登校へ至らしめた母親、言わば子育てを十分に担うことができない子育て役割の遂行不能者として自らもしくは周囲がみなし、それを内面化することで、彼女らは苦悩の日々を送っています。母親たちは子育て責任に苛まれながら、一方で夫や同居している子どもの祖母に責任転嫁をすることで、わが子の不登校を自分だけの責任ではないように試みることもあります。しかしそうしても、幾重にも蔽《おお》う不登校＝母親の養育責任論のもとに彼女らは包囲され、孤立を余儀なくされます。

不登校は、子どもたちのみの問題ではなく、母親が周囲の人々あるいは自らによって、子育てをうまく遂行できない母親であるという負のレッテルを貼り付けられる問題なのです。彼女たちは母親役割をめぐっての窮地に立たされています。ここに夫が外で働き、妻が家事・育児に専念するという性別役割分業に根を下ろした問題が露呈しています。子育てを中心に担うという母親役割を背負っているほどに、彼女らにとってわが子の不登校は、母親役割の遂行不能者として自身の存在を否定される問題であり、存在の窮地に立たされる問題となります。

男性＝職業役割、女性＝家事・育児役割の性別役割分業と、家族の中でも子どもを中心に、家庭生活が子どものことを第一優先とする子ども中心主義の家族形態の特徴、それが近代家族の特徴であり［落合、一九八九］、不登校は、その特徴が密接に絡み合いながら出現しているのです。

父親にとっての不登校

本書では、母親とともに、不登校の子どもをもつ父親たちを通し、彼らの苦悩や葛藤を見てきました。父親にとってわが子の不登校は、とりわけ指導的立場にある職業的地位の場合に、子どもを不登校にしてしまった父親としての自己否定感を生じさせる問題でした。「子ども一人育てられないのに、部下の指導なんてできない」という言葉には、父親たちの自己否定的感情がよく表現されています。彼らは家族集団を統制する、まとめることが自分自身の役割であると強く意識しています。ここに、父親と母親の家族を捉える相違が見て取れます。母親はわが子の不登校によって子育てを十分に担えない自らを否定的に見てしまう傾向にありますが、その一方で父親は、家族という集団をまとめあげる統率力がない自分自身への否定的感情を生じさせます。

わが子が不登校であるという事実は、彼らにとって対外的には、家庭を守ることができない父親であり、子どもを一人前の社会人に育てるという父親役割が果たせないとして負のレッテルを貼り付けられる事態なのです。父親としてこれらの役割が果たせないことは、職場、そして親戚、近所といった対社会への面子が保てないこととして捉えられます。

そして、これまで経済的に家族を扶養してきた自負がある父親は、わが子の不登校を妻の子育て責任の問題であると責め立ててしまう傾向にありました。

このように、男性＝職業役割、女性＝家事・育児役割の性別役割分業は、わが子の不登校を通して、夫と妻との間で父親役割、母親役割をめぐって対立した状況をつくり出します。不登校などの子どもに関わる問題が生じた際に、夫婦が性別役割分業の在り方自体を超えて、ともにいかにわが子の不登校に向きあい、対応していくのかが問われています。そして、それは日頃からの夫婦関係が問われるものとなります。

第三章

共感的な関係と新しい人間関係

――不登校親の会への参加を通して

母親にとってわが子の不登校は、子育てを十分に担えないという自責と苦悩となり、周囲から疎外された気持ちを招来します。一方で、父親にとってわが子の不登校は、不登校という家族問題に対応できない、家族を統制することができない父親として自己否定感を招来します。では、こうした事態にあって、母親／父親たちは不登校親の会に参加し、どのように対応していくのかを見ていきたいと思います。

共感的な関係の成立

原田さん（専業主婦、調査時五十代・わが子の不登校が始まった当時五十代）は初めて会へ参加し、子どもの状態や自身の苦悩を語ったときのことを次のように述べています。

ここは虚勢や意地を張るところではないと思ってほっとした。それまでは、子どもをどうしたら助けられるかばかり考えて。（親の会では）子どもをひっくるめて私を受け容れてくれる。私を大事にしてくれて、否定しない。

原田さんの息子は小学一年生からいじめに遭っていました。原田さんはあるとき息子が公園で十人ほどの集団からリンチを受けている場面を目撃し、必死に止めに入ったことがあります。いかにわが子の身を守るかが原田さんにとっては重要でした。息子へのいじめに対し、学校に抗議しても取り合ってもらえずに息子の責任にされる、相談機関へ出かければ原田さんの子育ての責任にされ、夫は原田さんの子育てを責め立てます。

こうして母親たちは、なすすべなく、二重三重の母親責任論に包囲されていきます。しかし、この母親たちの状況に対し、不登校親の会では、わが子の不登校による母親たちの疎外された経験の共有が前提となっているため、同じ経験をしていることが、親同士の共感的な関係を育んでいきます。親の会に発足当時から関わっている松居氏は、会において共感的な関係が育まれることについて以下のように記しています。

学校や地域で、親はうちの子の登校拒否の姿しか見えず、悩み苦しんでいるのは自分一人と思いがちである。参加者が一堂に集うことにより、登校拒否で悩んでいる人がたくさんいることがわかり、自分だけではないと実感でき、孤独感から解放されておちつける［松居、一九九〇：十七］。

同じわが子の「不登校」という経験の共有が、疎外感情や孤立感をもった母親たちに安心の場を提供するとともに、勇気を与える場となります。親の会では誰がどのような職業に就いているのか、学歴を含めてどのような経歴にあるのかについて関与しません。

親たちの間では企業の管理職にある細谷さん、大手企業に勤める伊藤さん、そして専業主婦の原田さんは全てわが子の不登校という共通の問題をもった者同士として位置づけられ、メンバーの対等性が重要視されているのです。職業的に高位のポストにあり、社会的地位があったとしても、彼／彼女らはあえてそのことを公言しません。それを公言すると、会で培われているわが子の不登校という同じ問題を抱えた仲間としての連帯意識が崩壊する恐れがあります。つまり、それを公言することで、親たちの中で差異化が発生し、親同士の連帯意識が脆弱化してしまうのです。

会では、わが子の不登校という共通の問題をもった者同士としての連帯が核として機能しています。筆者があるとき中学生の子どもをもつ親の分科会に参加したときに、不登校の原因を母親の子育てにあると指摘する学校教師がいました。そして、その場は一瞬静まり返りました。すると、その教師の指摘に対して、一人の母親が以下の言葉を投げかけました。

そんなこと言われても、今子どもは学校へ行かなくなっている。これから、どうしたらいいのかが大事。

この言葉は、端的に親の会の特徴を指し示すものです。母親に対する子育て批判は、ここでは異質です。この場では親たちのわが子の不登校に関わる苦悩や体験を共有し、これからどのようにわが子の不登校に対応していくのかを助言し合うことが中心となっており、不登校の原因を追及して自身の子育て責任であるとされることに母親たちは強い拒否感を示します。

また、この教師に見られたように、この場では「……しなければならない」とする教条的な語り口は異質です。親の会は、同じ問題をもった者同士の共感的な関係に基づいたコミュニケーションの場であることを基盤に、対等な関係がより強く意識されている場なのです。だから一方で、親たちはわが子の不登校という同じ経験を共有していないと見られる学校教師とは一定の距離を取り、親たちと学校教師との間には、明確とまではいかなくとも何らかの境界線が存在します。

では、この境界線をそのまま保持していくのかというとそうではなく、学校教師たちは自分のこれまで生きてきた過程における苦悩や、学校現場における教師としての苦悩を語っていきます。そのことによって、わが子の不登校により苦悩する親たちとの間で教師と親という立場を超えての語らいの場が創出されていくのです。そして、学校教師からわが子の不登校や非行など一人の親としての苦悩、現在の学校現場の状況をきくことを通して、教師の大変さを知り、親たちの中に「先生もしんどい状況にある。私たちと同じ人間なのだ」という思いが表れてきます。

子どもや親のことを必死になって理解しようとする学校教師の姿勢を目にすることで、わが子の不登校によって学校への不信感が募っていた親たちに、学校教師への信頼感が表れてくるのです。このようにして、不登校の子どもをもつ親たち以外の参加者にとっては、会は自身の生き方の諸問題を語り合い、それによって親たちとの同質化を図っていく場でもあります。

新しい人間関係の構築

第二章に登場した中西さんの場合、不登校となった長男に、弟である次男の誕生とともに軽いチック症状が現れ、中西さんは医師から、長男により多く関わる機会をもつように言われました。そしてそれ以降、長男とともに動物園など様々な場所に出かけることによって、子どもに関わる機会を多くもってきました。長男はスポーツができ腕白でしたが、転校生の出現によりライバル関係になり、その関係に敗れたことから小学四年生のときに登校を嫌がるようになっていきました。中西さんは自転車に乗せて登校させようとしますが、長男はすぐに帰宅し、その後は、自室に閉じこもってテレビゲームに夢中になり、時折家庭内暴力を起こす状態となりました。

こうした状況下で中西さんは、自身が一時鬱状態となったため休職することを考えました。そのときに、親の会の発足当時から世話人を務めている父親の一人から、次のように言われたことをしみじみと回顧しています。

「あんたもしんどいなぁ。仕事休むのか」と言われて。いろいろと支えてもらって。一緒に親の会で書籍販売をしたり……。

不登校親の会の参加者の大半は母親であるため、父親の参加は貴重です。とりわけ会に参加して日の浅い父親たちは、わが子の不登校によりこれまでの父親としての威厳や家族を経済的に扶養することを中心にしてきた自負を否定された状況下にあります。不登校状態にある子どもへの対応を模索してきた経験をもつ他の父親との関わりは、彼らに子どもとの関わりをもとうとする意欲や態度を育んでいくのです。したがって、会に長年参加している父親たちは、参加して日の浅い父親たちが会に継続して参加する上でのキーパーソンとしての役割を担っています。そして、父親たちは親の会という場で同性の父親モデルに出会うことに加えて、わが子の不登校という同じ問題を共有する親同士の交流を通じて、効率性が優先される企業社会とは異なる人間関係を経験していくことにもなります。

効率優先の企業社会の論理に適合してきた細谷さん（会社員、調査時六十代・わが子の不登校が始まった当時四十代）は、中学一年生のときに不登校となったわが子の成長につきあいながら、親の会の運営に携わってきました。会社では企業人として、自分の感情や思いを抑制して強い自分を表に出し、タテの指示系統の中に自らを置き、企業の行動規範に迎合してきたと言います。しかし、それが次の細谷さんの手記にあるように変化していきます。

私は交流会を通して、会社では得られない、肩書をはずした、ありのままの自分でつきあえる「新しい」人間関係との出会いで、自分自身の全体性をとりもどすことができ、自分自身のことを考える時間を与えられていた［細谷、一九九九、三〇］。

わが子の不登校を通して親の会に参加することを通して、共感的・受容的な人との関わりによって、父親たちはわが子の不登校に関わる中での自分自身の感情を表現し、これまでとは異なる新しい人間関係を構築しようとしています。そして、これまでの仕事を中心とした生き方を見つめ直しています。父親たちにとって、わが子の不登校により親の会へ参加することは、職業役割を中心とした父親役割（男性性）の在り方を見つめ直す一つの契機として重要な意味をもっています。

子どもへの見通し

母親／父親たちは、先述の共感的な関係を基盤にして、次への歩み、足掛かりを得ようとしています。わが子の不登校によって実母や夫、近所の目を気にしていた小西さん（自営業、調査時五十代・わが子の不登校が始まった当時四十代）は、親の会について次のように語っています。

子どものことで困っていること、（経営している）店の大変な状況を相談できる。子どもが登校拒否をして、（親の会のみんなと）悩みを共有していて、自分のしんどさも知ってくれていて。……（学校の）先生も同じ苦労をしているという安心感（がある）。今まで、泣いたら同情を買うと思っていたが、初めて参加して、すすり泣きが多くて。ここでは泣けると思った。私よりももっと悩んでいる人がいる。体験談が目標になる。子どもを待ってたらこうなると。

また、鈴木さん（専業主婦、調査時四十代・わが子の不登校が始まった当時四十代）は、以下のように語っています。

子どもが学校へ行くと期待し、行かなくなると落ち込んだり。それが親の会に行くことで、うちだけではないとほっとして、子どもを楽に見られる。（親の会に参加する母親や父親は）同じ悩みを共有しているから深いものがある。（私の状況が）大変だと、よくきいてくれる。「ああしろ、こうしろ」がない。子どもを（立ち上がるまで）待ってたら、大丈夫というのが、（親の会で）話をしてわかる。

母親や父親たちが子どもの不登校に関わる現在の心情を語ることを、その他の参加者たちは傾聴し、自分に置き換えて理解しようとします。ときにそれはわが子の状況や自身とも重なり、涙する場面も見られます。このように、親の会は子どもの不登校に関わって自身が置かれている立場を隠すことなく吐露することができる場となっているのです。

こうした共感的な関係の中で、母親／父親たちは会において子どもへの関わりで失敗したことやうまくいったことを出し合いながら、どのようにわが子の不登校に関わっていくかを模索し、子どもへの対応方法を取捨選択していくのです。例えば、かつて不登校を経験した青年や親から不登校状態から立ち上がった話をきくことによって、わが子への見通しをもつことができ、親の会の不登校への対応方法に納得が得られます。また、わが子の苦悩した状況を必死に理解しようとする周りの母親や父親の姿に、わが子の不登校への対応に少なからず前向きになり、希望を見出していきます。

お母さんの話をきいて、僕も子どもの目線になってがんばろうと。……同じ立場のお父さんとの話ができて、頑張ろうかと思いますね。（自営業、調査時五十代・わが子の不登校が始まった当時五十代）

山上さんは子どもが何を考えているのか理解できない状況下にあり、夫婦で親の会に参加しています。会で子どもの状況を理解しようと必死になっている親たちと関わり、そうした親たちをモデルにして、明日への希望を見出しています。

わが子の不登校への対応の過程においてモデルとなる親の存在は、参加者が子どもへの見通しを得ていく上で重要な位置づけを有しています。親の会では、わが子の不登校という共通の問題をもとに、わが子の不登校に関わる自他の苦悩の共有と子どもへの見通し、そして次章で見られるように子どもを尊重することを中心とした対応方法の共有、さらに、不登校は社会、学校教育制度への異議申し立て行為であるとする不登校問題への捉え方の共有が行われています。

第四章

家族再構築の試み

――不登校親の会への参加を通して

母子関係の変化

これまでみてきた親の会でのわが子の不登校という同じ問題をもった者同士の共感的な関係と新しい人間関係の構築、そして子どもへの見通しは、親の会だけに留まるものではなく、次に見るように家庭内にもち込まれ、子どもとの関係、夫婦関係に影響していきます。

山口さん（専業主婦、調査時五十代・わが子の不登校が始まった当時四十代）は子どもが学校へ行くことを嫌がり始めてからのことについて、過去を振り返りながら以下のように語っています。

（子どもが）「学校へ行きたくない」と言うが、なぜかわからなくて。（子どもが寝ている）布団を引きはがしたり、好きな漫画本を全部取り上げたり。……あの子は私と性格が違い、「私が我慢すれば丸く収まる」と思っていたようで、今まであまり自分の感情を出さなかった。そういう、あの子の良いところ、優しさが見えるようになってきて、あの子に気を使うようになった。それまでは「この子は、なんでとろいのか」と思っていた。上の姉がいい点数を取ってきていたので、（それと比べて）「勉強ができて当たり前」という気持ちだったのが謙虚になった。

山口さんの例に見られるように、母親たちは自分の意のままに子どもを動かしたい思いがあったことを反省的に語ります。世間の価値規範に従順であろうとすればするほど、わが子の不登校はあってはならない行為と捉えられ、母親自体を追い込んでいきます。しかし、そのような苦悩から山口さんは子ども自身の良いところを見ていこうとする姿勢へと変容したと言います。それは、第二章に登場した中村さんの語りからも読み取れます。

それぞれ自分の人生やから、夫も私も子どもも。生きてて良かったと思える生き方ができたらいいな（と思っている）。（自分の生き方の良い・悪いを）誰か（他の人の生き方）と測れるものではないし、そう思ったらすごく楽になった。

中村さんは子どもと自分を異なる存在として位置づけ、子どもに向けられた学歴などの価値基準を払拭し、自分自身の中での価値を重視しようとする姿勢へと転換したことを、過去を振り返りながら語ります。母親たちはわが子を周囲の価値規範でもって見ることから、わが子の考え方を尊重することを重視するようになったと言います。母親たちは子どもの不登校によって、自分も子どもも以前のような生活はできない、自分はダメな人間だと思ったと当時を振り返ります。しかしそう思ったとしても、生きていくためにはその負の価値を読み替えていくことが求められます。

親の会では、不登校に至る根本的原因が競争主義的な社会や教育にあるとし、子育てもそのような社会の影響を受けていると考えているので、母親の養育責任を直接的に問題としません［大阪教職員組合・大阪教育文化センター、一九八九］。この原因を直接的に母親に帰属させないことが、会において終始一貫した考え方になっています。親の会において不登校の原因を社会や教育という大きな物語へと組み替え、それによって母親たちは自己の子育てへの批判をこの場では追及されることなく、不登校という共通の問題をもっている者同士で、わが子への対応を様々な意見の中から取捨選択していくのです。こうして、わが子の不登校という負のレッテルに新たな価値を与え返そうとしています。

ここは私を否定することなく、私の話をきいてくれる場。それまでは、どこの相談機関に行っても私の子育てが悪いと言われて。

第三章に登場した原田さんは、自分自身の子育てを否定せず、共通の問題をもった者同士がお互いに悩みをききあうことやわが子よりも大変な状況にある子どもを知ることで、不登校のわが子に対して注がれていた「変わった子」「ダメな子」という母親のまなざしが、「うちの子は決して変わった子ではない」という認識へと読み替えられたと言います。会でわが子の状況を話すことによって、同じ境遇の参加者の話をきくことによって、母親たちはわが子を相対化して位置づけられるようになります。親の会では、わが子の不登校という共通の問題をもっているがゆえに、自分と他者を同じ立場に置くことができます。また、これまで周囲から母親に帰せられていた養育責任を会では追及されることがなく、その点で、親の会は母親たちの居場所としての役割を果たしているのです。

会では子どもたちは過剰なストレスを抱え不登校に至るということや、子どもの最大の援助者は親であるという考えのもとに、親が子どもの立場で、子どもを受け容れることを第一に求めています。ここでは親が子どもをいかに受容し、不登校の子どもを周囲の圧力からいかに守るかが強調されます［大阪教職員組合・大阪教育文化センター、一九八九］。不登校とは社会や今日の教育制度が過度に競争を強いることへの異議申し立てであり、社会への警告であると捉えています。不登校が既存社会に対する警告であると解釈すれば、わが子の不登校は社会への戦いであるとも捉えられるのです。わが子が不登校という行為で社会と戦っていると捉えることで、それは同時に母親自らがこれまでどのように生きてきたのか、夫、舅、姑や自身の母親の方針に従順であり、自らの考えを尊重せずに生きてきたことを意識化していくことになっていくのです。

母親たちは会において子どもが不登校によって社会に異議申し立てをしていると解釈し、そのことがさらに彼女たちのこれまでの生き方、「言いたいことを言わずに、我慢してきた自分」「人の目をうかがって良い子でいようとした自分」、こういった自分を反省的に問い直す契機を用意することとなります。このような試みを行いながら、彼女たちは子どもを受容し、子どもの立場に立って考えていこうとしています。わが子の不登校は、母親が「自立」していこうとする試みとして解釈されていくのです。

長男はバイト、長女は家事手伝い、次男は昼夜逆転で、今の子どもの状態を前の私では堪えられなかったと思うんです。だけど今は、子どもが迷いながらやっていけてることがすごいなぁと思います。自分にはなかったところなので。（近藤さん・専業主婦、調査時四十代・わが子の不登校が始まった当時三十代）

このように、彼女たちがわが子のことや自分のことについて過去を反省的に問い直す試みは、決して生半可なものではありません。なぜなら、約四十年あるいは五十年かけて築いてきた自分の人生を批判的に受け止めることは、ともすれば、自己喪失へと至ったとしてもおかしくはない苛酷なものです。近藤さんのように過去を問い直し、新たな価値を構築していこうとすることは、昨日まで信じこんでいた価値体系を根本から否定し組み立て直そうとする困難なものとなります。

ある母親は、親の会以外の人と話をすると価値観が違っていて話が合わないと言います。また、ある母親は会において学習した自分なりの生き方と既存の価値体系の中での葛藤を語ります。しかし、そうした葛藤はあっても、母親たちはいったん手に入れた新たな認識枠組みの中で、「自立」への道を模索しています。そして対社会との葛藤状況を、親の会へ参加することで緩和させているとも見えます。さらに言えば、昼夜逆転、家から一歩も出ない、自室への閉じこもりなどの子どもの状態を目の当たりにし、その事態への対応がわからないままの彼女らにとっては新たな認識枠組みでもって対応しなければどうすることもできないとする追い詰められた状況があり、親の会を拠り所とするまで母親たちの状況が追い込まれていることも、一方で示唆されています。

父子関係の変化

第二章に登場した西村さんは仕事で多忙な日々を送り、夜中に帰宅する日々が続いていました。子どもにとって父親西村さんは、逆らうことのできない「恐い父親」として映っていたようです。こうした中で、子どもが中学二年生から不登校状態となり、西村さんはこれまで懸命に家族のために働いてきた自分を否定されたと感じるようになります。そしてその後、知人の紹介で親の会に参加し、現在の子どもとの関係について次のように語っています。

自分は思っていなかったが、子どもから見た父親は、はむかうことがしにくい大きな存在だったように思える。今は、あまり（子どもに）言わないから弱い存在になっているといいと思う。いい面、悪い面含めて。

子どもにとって「恐い父親」であった西村さんは、「弱い存在」の父親になったと言います。そして、「弱い存在」としての父親となった自分について、肯定しつつ、一方で否定します。父親たちの幾人かは妻からわが子が不登校であることを知らされ、何らかの対応を迫られたとき、子どもに登校することを強制し、わが子を力ずくで登校させることで父親役割を果たそうとします。母親に比べて子どもとの関わりが日常的に少ない彼らは、こうしたことでしか不登校への対応を試みることができず、それによって父親の威厳を保持しようとします。しかし、このような対応を試みても、子どもの不登校状態は改善されず、やがて彼らは子どもへの対応をめぐって、どうするべきかに思い悩むようになっていきます。

親の会では、今日の競争を中心とした社会や教育制度が不登校の根本原因であると捉えます。そして、その煽りを受けた学校や家庭において競争社会の論理が浸透していることから、子どもたちが生き難い状況にあるとして、親の会ではこのことを中心に、不登校とは競争社会に対する異議申し立て行為であること、子どもたちが不登校という形で社会へ警告を発していることを強調します［大阪教職員組合・大阪教育文化センター「親と子の相談室」、一九八九］。

例えば先の西村さんの場合は、この社会＝競争社会の中で家族のために懸命に働いてきた自負があります。それだけに、子どもたちが不登校という形で社会に対し異議申し立てをしているという会における捉え方は、その競争社会の中で懸命に働いてきた西村さん自身の生き方を否定することになります。彼らが、父親役割＝家族を経済的に扶養する役割のもとに懸命に働き、出世する意識が強ければ強いほどに、彼らにとって親の会でのこの不登校への捉え方を受容することは、父親＝男性であるというアイデンティティを崩壊させる［多賀、二〇〇六］ことになりかねません。

したがって父親たちが、こうした父親として、そして男性としての面子を抜きにして、親の会の不登校に対する捉え方を受容できるか否かが、その後に彼らが親の会へ引き続き参加するか否かの分かれ目になると言っても過言ではありません。

そうして、父親たちが親の会のこの不登校への捉え方を受け容れたとき、仕事を懸命にこなし家族を経済的に扶養してきた自負あるいは、家庭における父親の威厳を捨てざるを得ないところにまで帰着してゆくのです。ここで大塚さん（会社員、調査時四十代・わが子の不登校が始まった当時四十代）の語りを見てみましょう。

不登校によって、親の生き方を考えさせられ、私自身にはプラスになった。仕事中心の生活で、家庭を顧みてなかった。子どもとは今でも接点が見えず、会話が一切できていないのが辛いというか、もどかしい。

大塚さんはより多く収入を得ること、出世することが家族のためであると考えていましたが、現在ではこれまでの仕事中心の生活を反省的に捉え、子どもへの対応方法を模索中です。ただし、父親の考えが仕事中心の生活から家庭中心の生活に変容したとしても、彼らは日常的に子どもとの接点があまりなかったこと、不登校という今までとは異なるわが子の状態を目の当たりにすることによって、子どもに対してどう関わっていけば良いのかに、また思い悩んでゆきます。

郵便はがき

料金受取人払郵便

新宿局承認

7553

差出有効期間
2024年1月
31日まで
（切手不要）

1 6 0-8 7 9 1

141

東京都新宿区新宿1－10－1

(株)文芸社

愛読者カード係 行

お名前《ふりがな》			明治 大正 昭和 平成 年生 歳		
ご住所《ふりがな》	□□□-□□□□			性別 男・女	
お電話 番 号	（書籍ご注文の際に必要です）	ご職業			
E-mail					
ご購読雑誌（複数可）			ご購読新聞 新聞		

最近読んでおもしろかった本や今後、とりあげてほしいテーマをお教えください。

ご自分の研究成果や経験、お考え等を出版してみたいというお気持ちはありますか。

ある　　ない　　内容・テーマ（　　　　　　　　　　　　　　　　）

現在完成した作品をお持ちですか。

ある　　ない　　ジャンル・原稿量（　　　　　　　　　　　　　　　　）

書　名				
お買上 書　店	都道 府県	市区 郡	書店名	書店
			ご購入日	年　月　日

本書をどこでお知りになりましたか?

1.書店店頭　2.知人にすすめられて　3.インターネット(サイト名　　)

4.DMハガキ　5.広告、記事を見て(新聞、雑誌名　　)

上の質問に関連して、ご購入の決め手となったのは?

1.タイトル　2.著者　3.内容　4.カバーデザイン　5.帯

その他ご自由にお書きください。

(　　)

本書についてのご意見、ご感想をお聞かせください。

①内容について

②カバー、タイトル、帯について

弊社Webサイトからもご意見、ご感想をお寄せいただけます。

ご協力ありがとうございました。

※お寄せいただいたご意見、ご感想は新聞広告等で匿名にて使わせていただくことがあります。

※お客様の個人情報は、小社からの連絡のみに使用します。社外に提供することは一切ありません。

■書籍のご注文は、お近くの書店または、ブックサービス(0120-29-9625)、セブンネットショッピング(http://7net.omni7.jp/)にお申し込み下さい。

こうした中で、父親たちは親の会の講演や分科会で専門家や不登校の子どもをもつ親たちから、子どもの考えや態度を尊重すること、受容と共感でわが子を信じてわが子の意思に任せ、わが子の不登校からの立ち上がりを待つという「信じて・任せて・待つ」ことを学びます。そして、その対応方法によって不登校状態から立ち上がった子どもたちの体験談 ― 不登校状態が何年も続きながら、親の支えによって自分なりの進路を歩んで高校へ進学した子どもたちや就職した子どもたちの話をきき、父親たちは体験談で語られる子どもとわが子とを重ね合わせます。

そして、わが子は一体いつ不登校状態から脱出することができるのだろうかと不安になりながらも、父親としてできることをしなければならないと自覚してゆくのです。わが子の不登校状態がいつまで続くかわからないことを自覚することで、この問題の深刻さを認識し、父親としてできることを果たそうとします。しかし、先述したように日常的に子どもとの関わりが少なかった彼らにとって、わが子の考えや態度を尊重することが具体的にどのようなことかがわからず、父親たちに子どもとの関わりにおいて迷いを生じさせることもあります。こうして父親たちは喫緊の策として、子どもが父親の方針に背くことができないといったこれまでの父親としての威厳や、父親としてこれまで家族を経済的に扶養してきた自負を払拭してまでも、子どもの機嫌取りをする父親、子どもに遠慮する父親として子どもと向きあおうとしていくのです。

夫との関係の変化

夫とともに自営業をしている小西さんは、仕事のことも家庭の中のことも全て自分が中心になって行っていました。夫は「時間が解決する」というマイペースな性格であり、店の経営や子育てに対して夫に協力してもらうことにあきらめがありました。そのような中でわが子が不登校状態になり、初めは学校に行かないこと自体を理解することができず、近所の目や同居している実母の手前もあり、「この子を憎む以外に生きていくことができなかった」と言います。その後、小西さんは種々の相談機関をめぐりながら、親の会へ参加します。そして、その後の夫との関係についてこう語っています。

最初、お父さんに惹かれたのは温かさだったけど、（私の）母と（一緒に）仕事をする中で、（夫を）頼れないと思って。母と私で店のこと、子育てのことをやっていた。……でも、大輔（仮名、小西さんの子）が登校拒否になってからはお父さんが歩んできた生き方もいいんじゃないか、自然体で生きること、無理しなくてもいいんだという生き方もあるんだと思うようになった。

子どもに対して、親の会では「信じて・任せて・待つ」ことが言われます。ここでは、その親の会の方針と小西さんの夫の生き方を重ね合わせて見ることができます。夫は時折、「俺らの子やから、しょうがない」と小西さんを励まし、決して小西さんの子育てを責めませんでした。当初小西さんは周囲の目もあり、その言葉に対して腹立たしく思っていたようです。しかしその後、会への参加を契機にこれまで実母に従順であった自分、「困らないように先手を打って生きていこう」としていた自らに気負いがあったことに気づき、学校に行かないわが子を受け容れようとしていったと言います。自分なりのペースで歩んでいる夫の生き方はこれから小西さんの目指す生き方となったのです。

この小西さんのように、母親たちは夫が子どもの不登校状態を理解することによって、夫の仕事上における立場の大変さなどを肯定的に理解しようとしています。そこには、ともにわが子の不登校に対応しようとする新たな夫婦関係の萌芽があります。ただし、こうして母親たちが世間体を気にしない「自立した個人」を目指すことは、全て小西さんのように家庭内で進展していくわけではありません。先述の近藤さんは、次のように語っています。

子どもに問題があったときは、一緒に乗り越えてくれるものだと思っていたのに。夫は私に「子どものことは、あなたに責任がある。あなたが悪いんだ」と言うだけで。娘にはずーっと「学校へ行け」と言うし。娘の登校拒否より、夫婦の問題になった。

近藤さんが子どものことを夫に理解してもらおうと思っても、夫は受け付けません。

会社という一組織の中で、世間の常識のもとで生きている夫と、世間の常識から解放されようとする妻とのズレが出現しています。母親は、自分のこれまでの生き方を否定してまでもわが子を理解しようと必死です。しかし、父親にはなかなかそれを理解してもらえません。効率優先の企業社会で生きている父親は、子どもが何をするでもなく家にいることを怠惰な行為、既存の社会から逸脱した行為としか受け取ることができず、また母親の養育責任として責め立ててしまいます。ここに、母親が親の会で培った新たな価値体系と父親の既存の価値体系との闘争が出現しています。

また、それは家族のはたらきが内包した矛盾、すなわち金銭を得て家族の生活を維持するという生活保障集団であることと、家族であるからこその愛情という名のもとのつながりという心理的・情緒的結合をもつことの矛盾が顕在化している状態でもあるのです［木田、一九九四：山田、一九九四］。そして、夫婦間においてわが子の不登校への理解が大きく乖離し始めたとき、母親たちは夫との関係を断念していったと言います。

以前は夫が私の子育てに干渉しないことが、せめてもの協力と評価していた。しかし、しんどくなることもあって、（夫に）協力してと思っても協力してくれない。だから夫との関係を（あえて）切っていった。（そして）その分、子どもにエネルギーを向けようと。可能性のないものにエネルギーを向けることが無駄と判断した。子育てに夫を巻き込むエネルギーがなかった。

第二章に登場した高橋さんにとっては、子どもの不登校にいかに対応していくのかに必死な状況下で、わが子の不登校に対し理解を示さない夫に余分なエネルギーを傾けることは非生産的な行為でした。こうして、夫との関係の修復が不可能であると認識した場合、母親たちはときに家庭内別居や離婚という道を歩みながらも、わが子の不登校に対して必死に対応しようとしていました。

母親たちは、「なぜわが子が……」「うちの子に限って……」と子どもの不登校を認めたくありません。ある母親は登校時間になり、「他の子が学校へ行っている姿を見ると、たまらなくなって……」と語ります。また、親子心中まで考えていたことを語る母親もいます。

親の会へ参加していなかったら、今頃どうなっていたか。殺人事件を犯していても不思議ではなかった。［第三章に登場した原田さん］

母親たちにとって不登校とは、世間の目を過剰に気にしてしまう事態であり、ともすれば生の根幹に関わることでもあります。しかし、これが親の会において子どもに寄り添い、子どもを守る母親へと転換することで、彼女らは自らの「自立」を含めて、今を主体的に生きていこうとしているのです。そして、新たな認識枠組みで生きていこうとする妻と夫との関係は、わが子の不登校を受容するか否かというバランスの上に成立していくのです。

彼女らは夫が子どもを受容し、妻の子育てを批判しなければ、夫の存在を認めて夫との新たな関係を構築しようと試みます。しかし、夫がそのような態度を取らなければ親子関係と夫婦関係の明確な境界が顕在化し、妻が子どもを中心にした対応を行うことで、夫は附属的地位へと押し下げられることもあります。ここに、わが子の不登校という事態に、母親が子どもを理解することに努めた場合、夫との間で既存の価値体系に対する闘争が展開されていくことにもなります。

妻との関係の変化

松本さん（会社員、調査時五十代・わが子の不登校が始まった当時五十代）の子どもは、高校二年生の二学期から学校へ時々行かなくなりました。松本さんは、登校しようとしない息子に対し「そんなことでは世の中を乗り越えられない」と責めることがありました。その後、子どもの妻への暴力が目立つようになります。そのときに、松本さんは妻から親の会へ一緒に行くように言われて会へ参加し、会での妻の様子について、次のように語っています。

家内が、会で自分の思いのたけを話して、そこまで家内の心が差し迫っているとは思わずに（驚いた）。これは真剣に考えないと。子どもに対する気持ちは、負けてるなと思いましてね。子どものことで泣けるというのは、すごいなぁと。

松本さんは会に参加することで、子どもの不登校に対する妻の苦悩を知りました。大半の父親たちは妻からわが子が不登校状態にあることを知らされたときに、その問題を簡単に解決できると考えます。そして、子どもの状態や妻の状態がいかに差し迫った状況にあるかを理解できません。しかし、松本さんのように会への参加を通して妻の苦悩を知ることにより、ただ登校を強制するのではなく、妻のことも考えながらわが子の不登校という問題に対し真剣に対応する必要性に気づきます。

その後松本さんは、妻から子どもが不登校になったことを松本さんの責任であると責められても、妻の話に耳を傾け、親の会に参加している父親仲間に自身の妻への不満を話すことで、わが子の不登校に対応しようと日々努力しています。

第二章に登場した大企業の営業マンで出張が多い伊藤さんの場合は、仕事ではノルマに追われる状況、家庭では妻からわが子の不登校への対応をめぐって要求を出される状況にありました。そのため伊藤さんは、帰宅時間を故意に遅くすることもありました。このような状態が続き、あるとき妻は伊藤さんに対し離婚届へのサインを迫り、伊藤さんはこのときに、わが子の不登校への対応を妻任せにするのでなく、妻とともに息子の不登校に対応していくことを自覚するようになります。

父親たちはわが子の不登校への対応になすすべもない妻の状況の深刻さを認識すること、わが子の不登校が深刻な事態を家庭内に引き起こしていることを認識することによって、家庭を顧みるようになっていくのです。

ある父親は休職して子どもとの関わりをもとうとしましたが、どう関わって良いかわからずに喫茶店や図書館で一日をつぶしていたと語ります。また、ある父親は商事会社に勤務し、帰宅するのは深夜という生活を送っていましたが、子どもが小学五年生から不登校状態となり、その後妻の病気も重なったことで子会社に異動し、子どもとの関わりを大切にするようになったと語っています。

そして、親の会において夫婦でともにわが子の不登校に対応すること、夫婦が子どもに受容と共感で寄り添っていくことを求められ［大阪教職員組合・大阪教育文化センター「親と子の相談室」、一九八九」、妻と共有する時間をあえて設定することで、彼らは子どもへの対応方法を模索していきます。

妻とともに自営業をしている前田さん（自営業、調査時五十代・わが子の不登校が始まった当時三十代）の場合は、わが子は中学一年生の三学期からいじめにあったことをきっかけにして不登校状態になりました。子どもは、昼頃に起きてテレビゲームをする毎日となり、着替えや入浴をしない日が続きました。前田さんは、このようなわが子の状況を理解してもらおうと妻とともに学校に出向き、担任教師に登校刺激をしないように求めました。夫婦で常に子どもへの対応を考えてきた前田さんは、現在の妻との関係について次のように語っています。

（夫婦が）仲良くなった。よく話をするようになった。絆が深くなった。苦しい中を一緒に乗り越えてきた戦友。お互いに支え合ってきた。

前田さん夫婦が試行錯誤をしながら、わが子の不登校に向きあった態度、それは、わが子の不登校という問題に対して夫と妻がともに戦っていこうとする姿です。前田さんが妻を「戦友」とする言葉に、わが子の不登校状態の深刻さと同時に、夫婦がともに不登校に対応することによる夫婦の絆の深まりを読み取ることができます。また、先の伊藤さんは、次のように妻との関係を語っています。

子どものことを通して、いろいろな考え方や生き方を共有できるようになった。

伊藤さんは親の会が設立されるもとになった「親と子の教育相談室」に妻と通いながら、夫婦でわが子の不登校に対応することの大切さを知ります。この夫婦でわが子の不登校に対応する態度は、父親がわが子の不登校問題に関わろうとすること、子育てに参加することのみならず、今まで家事をしなかった父親たちが料理や洗濯をするという変容をもたらすこともあります。

近代家族は男性＝職業役割、女性＝家事・子育て役割という公私の分離と子ども中心主義を特徴とし［落合、一九八九］、夫婦はこれらの役割を遂行することを重視することから、夫婦で共有する時間をもつことは容易ではありません。しかし、本書の父親たちは子どもや妻が差し迫った状況にあることを認識し、さらに会において夫婦がともに対応することの必要性を言われることで、子どもへの対応方法を話し合うために妻と共有する時間を以前より多くもとうとしています。

日本の夫婦のコミュニケーション不全や男性のコミュニケーション能力不足の問題が指摘されています［伊藤、一九九六］が、本書に登場する父親たちはわが子の「不登校」への対応方法をめぐって妻と共有する時間を以前より多くもつことで、妻に対する新たな気づきや、また夫婦関係の深まりがもたらされています。

しかしその一方で、夫と妻が共有する時間を以前より多くもつからこそ、夫婦の価値観の違いが露呈し、子どもへの対応をめぐって夫と妻の考えが相容れない状況になる可能性も十分にあるのです。

子育て方針のズレ、社会的価値観のズレがわかった。（子どもが）学校に行かなくなって、人間にとって何が大事かというものがないとおかしくなってくる。そこで、（お互いに考え方が）違うというズレが出てくる。世間体とか。

中川さん（公務員、調査時五十代・わが子の不登校が始まった当時四十代）の妻は学歴を重視しますが、中川さんは学歴が全てではないとして、子どもの不登校状況を受け容れながら、子どもの自主性を大切にしようとしています。そこに、夫婦の子どもをめぐっての対応のズレが生じています。中川さんが子どもの考えを尊重しようとする姿勢、それは親の会で培われた対応ですが、妻はそれを受け容れることができません。

親の会での子ども中心主義の対応について、夫と妻がともに、中川さんのように受け容れることができるか否かが、その後の夫婦関係に影響を与えてゆくことになります。したがって、夫婦がともに会における不登校への対応である、子どもに受容と共感で関わり、子どもの意思を尊重するということをどこまで認めることができるのかが重要になってくるのです。現在中川さんは妻と別居状態にあり、会の中で親しくしている母親たちに妻との関係について相談することで、今後の妻との関係を模索しています。

父親たちは、会の中で同じ境遇の父親や母親からのアドバイスを得ながら、さらにはときに夫婦同士の親睦を図りながら、わが子の不登校問題に夫と妻がともに対応しようとしています。

母親たちの従順さからの解放

親の会においては、不登校の原因を母親の養育責任ではなく競争主義的な日本の社会や学校教育制度にあると捉えます。そのことにより、母親たちは今日の競争主義的な学校教育制度と同じように、わが子を競争的なまなざしで追い詰めていたことを意識します。この不登校の原因を社会に求めることは、母親たち自身のこれまでの社会における生き方がいかなるものであったのかを突きつけられることでもあります。

こうしなければならないと思って、家庭でも職場でもやっていた。学生時代も、人間関係でピエロみたいな自分がいた。集団で歩調を合わせてという意識があった。今、「ねばならない」を捨てて楽になった。

第二章に登場した中村さんはこれまでの自分を「ピエロみたいな自分」と捉え、集団の中に埋没して、自分の意思がなかったと言います。今、中村さんは他者の意見に従順であったそのピエロという着ぐるみを脱ぎ去り、ありのままの自分、自らの長所も短所も受け容れながら生活を送るようになり楽になったと、過去を振り返りながら語っています。母親たちは社会規範に絡み取られながら、中村さんの例で言えば「良き母親・良き妻・良き職業人」、それを良しとしてひたすらに歩んできたこれまでの自らを、わが子の不登校によって振り返ります。そしてそのときに、そこには社会規範からの解放、すなわち自分なりの生き方を模索していこうとする果てしない試みが開始されています。

橋本さん（専業主婦、調査時四十代・わが子の不登校が始まった当時三十代）はわが子の不登校で得たものとして、学校教師たちが集う研究集会において次のように発表しています。

わが子の登校拒否のおかげで、今の学校、社会、地域、家庭について、それまで気づかなかったことをたくさん学びました。おかげであと半分の私の人生を、価値観を変えて楽に生きられるようになり、のんびりと、ゆとりのある生活ができるようになり、子どもに感謝しています［羽田、一九九五：七］。

この発表を行った橋本さんは、これまで夫には口答えせず、夫が帰って来たら玄関先できちんと出迎え、子どもに学歴をつけさせることを中心として、「良き妻・良き母親」ぶりを発揮し、社会規範に従順に生きてきました。親の会において不登校の原因を競争主義的な社会の在り方に帰することによって、母親たちは橋本さんのように、社会に組み込まれてきたこれまでの自分の生き方を振り返ります。

ある母親はこれまでの夫との関係を変えようと努めています。また、ある母親はその関係を変えることができないと判断した際に、別の新たな生き方をしていこうとしていました。橋本さん自身も、夫に対して従順であった自分から、夫に意思表示ができる関係へと変容しています。

母親たちはこれまでの自分の生き方、親との関わり、周囲の人との関わりを反省的に振り返ります。そして、いかにこれまでの自分が家族やその周囲の人間関係に従順であったのかに気づき、自分自身を尊重した生き方をしようと新たな自分をつくり出す作業を続けながら、「自分とは何か？」という自問自答を行っています。

父親たちの男らしさからの解放

先述の大塚さん、佐々木さん（元会社員・現在は無職、調査時四十代・わが子の不登校が始まった当時四十代）は、昇進によるストレスから精神的に追い詰められたこともありながら、家族のために懸命に働いてきたことを自負してきました。しかし、現在は家族のために懸命に働くことに対して、次のように語っています。

仕事をこなして出世をすることが、家族のためであるという自分自身の人生観が変わって。……今までなら、各駅（電車に乗る）よりも特急（電車に乗ること）を目指したけど、みんながみんな特急（電車）に乗れるわけでもないし。それなりの自分の生き方、無理のない生き方をしようと。［大塚さん］

人がいいと思うことより、私がいいと思うことが大事。ご飯を多少食べられて、好きなことができるのがいいかなぁ。……（今は）こうしたい自分と、こうしなければならない自分を模索しているところ。［佐々木さん］

出世し給料をより多く得ること、それが家族のためであるとすることが父親役割であるなら、彼らはその役割意識から解放され、仕事上の業績に準拠しない自分らしい生き方を模索しています。父親たちは親の会への参加によって、わが子が学校という競争社会で過剰なストレスを抱えていることを知ります［大阪教職員組合・大阪教育文化センター「親と子の相談室」、一九八九］。これによって、彼らが不登校の根本原因となる競争社会を批判的に見るようになること、それは同時に、父親自らが他者と競争し出世しようとしてきた自分自身を反省的に見つめ直す契機を導いています。

彼らは父親として、夫として、そして男性としてこうあらねばならないとする自分、出世しより多く収入を得ることを目指してきた自分を見つめ直していきます。肩書きや社会的地位という尺度によって自分と他者を比較することに重きを置いてきた彼らが、自分なりの尺度に基づいた自分らしい生き方を志向しています。

男らしさを優越志向（他者に対して優越したいという欲求）、権力志向（自分の意志を他者に押しつけたいという欲求）として捉えた場合［伊藤、一九九三］、父親たちはわが子の不登校への対応の過程で、そうした男らしさ、出世することや権威のある父親像を見つめ直し、その男らしさから少なからず解放されようとしています。これらの男らしさからの解放がなければ、学校に行かず一日中家で過ごすわが子の状態を受容することは不可能でしょう。父親たちはわが子の不登校状態を受容するために、懸命に働いてきたこれまでの生き方を変えてまでの過酷な作業を試みているのです。

したがって、その試みは、これまで所持してきた威厳のある父親、家族を経済的に扶養することをもとに出世することが家族のためであるとしてきた父親像と引き換えにもたらされるものでもあるのです。

このように彼らが父親役割を変容させていく中で、先に登場した松本さんは、現在多様な生き方があることに気づき始めています。そして、会社が全てであったこれまでの価値観、生き方をどのようにして自分らしい生き方へと変容させていくのかを模索しています。

あそこ（親の会）に行くと勇気をもらえる。家内と僕も、いろいろなことを吐き出す中で、自分を客観的に見られる。自分の気持ちを大勢の前で話をすることがそれまでは恐かった。みんなが認めてくれる。そういう中で、自分を見つめ直す。……親の会に参加することで、自分自身の弱さを考える。不登校の子どもたちだけの問題ではなく、自分がどう生きるかということ（を考えさせられる）。

父親たちはわが子の不登校という共通の問題をもった者同士であるからこそ、お互いの置かれている立場が理解でき、お互いを尊重できる場が生成されていきます。父親たちは子どもの目線に立って子どもに対応している母親、苦悩しながらも子どもへの対応を模索している父親の話をききます。

そして、「こんな子どもへの関わりは、自分にはできないことだ」と感心してきながら、これからの子どもへの対応に少なからず希望をもつことができます。親の会における父親同士の会話の場は、父親たちがそこで妻に対する愚痴や子どもに関する悩み、仕事の大変さを吐露することができる、本音を語り合える大切な場になっています。

企業社会では無駄や過不足は許容されず、対人間の感情の交流はそれほど重視されません。したがって、父親が職業役割を中心とした場合、父親（男性）たちが感情を表出する機会は決して多くはありません［中河、一九八九：伊藤、一九九六］。

しかし、彼らはそういった父親像（男性像）を、同じわが子の不登校という問題をもった者同士での肩書きや社会的地位を抜きにした交流を通して少なからず解放します。そして、これまでの家族関係の在り方や自分自身の生き方を見つめ直す試み、再構築する試みを行っています。

第五章

家族再構築の試みと親の会のはたらき

母親たちの家族再構築の試み

これまで見てきたように、母親たちは親の会への参加を通して、子どもに対して抱く「ダメな子」という認識から、個々の子どもがもっている特性に即して見ていこうとする姿勢へと変化したと語っていました。そこでは、否定的子ども観から肯定的子ども観への転換が図られています。また、その変容過程においては母親自らも反省的に過去の生き方を回顧し、新たな「自立」への道を模索していました。そして、このような価値規範の変容が夫との関係をも変容させていく契機となっていました。

母親たちは、子どもに対する最大の援助者が親であることや、子どもたちが今日の競争主義的社会のもとで不登校という形で人間の生存に対して警告を発していることを知ります。そして、それは彼女たちにとって、これまでの自分の生き方への問いとなって、立ち現れてくるのです。

不登校を今日の社会に対する警告であると見た場合、彼女たちはこれまでの自分の生き方がいかに社会の価値規範に従順であったのかを反省的に振り返り、そうしたこれまでの自分から新たな自分、すなわち「自立した個人」へ向けての新たなる模索を始めます。そうしなければ子どもを受容することは母親たちにとって困難であり、また子育てを十分に担えなかった、子どもを不登校にしてしまったという意識からの解放は得られません。母親と子どもに負わされた不登校という負の価値に新たな価値を与え返そうとする試みは個々人を拘束してきた価値規範、既成の支配的な体系への異議申し立てとなって現れます。

ただし、家庭内において、母親たちの既存の価値規範からの解放は、いかに子どもを受容するのかに向けられるため、これを阻止する既存の価値支配体系で子どもに関わろうとする夫（父親）に対しては激しい敵意に満ちた姿勢と、あきらめとを彼女らに生じさせることがあります。近代家族の特徴とされる子ども中心主義は、親の会においで不登校状態にある子どもを受容することを通して、より強調されます。子どもへの過剰な配慮でもって、家庭内は展開されていきます。

不登校などの子どもに関わる問題を抱えた家族にとって関係の中心は子どもにより

置かれ、子どもを中心にした夫婦間のコミュニケーションが不可能になれば、その関係がいつ破綻してもおかしくない状況に追い込まれていくこともあり得るのです。さらには、既存の価値規範からの解放、「自立した個人」を追求している彼女らにとって、既存の価値規範から成立している夫婦関係は、夫が既存の価値規範に対して柔軟でない限り、さらに解体を促進することにもなりかねません。ここに、新たな価値体系で生きていこうとする妻と、既存の価値体系でもって子どもに対応しようとする夫との闘争が顕在化してゆきます。

父親たちの家族再構築の試み

父親たちは親の会において同性の父親をモデルに、わが子が不登校という行為で競争社会に異議申し立てを行っていることを受容します。それによって、彼らは家族を経済的に扶養する自負や威厳のある父親像を解体し、子どもの意思を尊重し子どもに寄り添うことを中心に、子どもとの関わりをもとうと試みています。ただし、その試みは子どもに対し、遠慮する父親となることもあります。

さらに、妻との関係において父親たちは妻のわが子の不登校に関わる苦悩を認識することで、妻と共有する時間を以前より多くもちながら、親の会の不登校の対応方法である夫婦でわが子の不登校に対応することを試みています。ただし、父親と同様に、妻が不登校状態にあるわが子に受容と共感の態度で関わっていく対応を試みなければ、夫婦関係は危機的状況になることもあり得ます。また、父親たちはこれまでの生き方を批判的に見つめることで、父親として、夫として、男性としての揺らぎを感じながら、肩書きや社会的地位を抜きにした自分らしい生き方を志向しています。

彼らは、親の会において古参者の父親たちから父親モデルを学習すること、そして何よりもわが子の不登校によって妻が非常に苦悩していることに気づき、わが子の不登校という事態の深刻さを認識することで、家庭役割を果たすことを中心にして妻とともにわが子の不登校に対応しようとしています。

母親たちは不登校状態のわが子に寄り添うこと、受容と共感でわが子を守ることに必死であり、こうした対応方法を受け容れることができない父親に対し、ときに激しい敵意を抱くこともあります。母親たちは、親の会に参加することで子どもを守る母親として母親役割をより顕在化させながら、世間体を気にすることなく、自分なりの生き方を模索しています。

そしてその一方で、父親たちは、親の会への参加を通してこれまでの家族を経済的に扶養することを中心とした父親役割や威厳のある父親像を解体しながら、新しい父親像を求めて試行錯誤しています。わが子の不登校は、子ども中心の親子関係を強化し、父親たちに威厳のある父親像、家族を経済的に扶養することを中心にした父親役割の揺らぎを生じさせています。

本書に登場する母親たちは親の会へ参加することで、親子関係と夫婦関係における変容、そして母親自身の生き方の変容の全て、あるいはこれらの変容のいずれかを生じさせていました。それは、父親においても同様です。

親の会のはたらき　―共感的関係の形成〜家族関係の変化

これまでの親たちの語りから、ここでは親の会がどのようなはたらきをもっているのかを考えていきたいと思います。

親の会は、わが子の不登校という共通の問題をもった者同士であることを中心とした共感的な関係を基盤にしています。会へ参加して間もない母親／父親たちは、会に長年参加している親からの「大変だったね」という言葉かけに、親の会という場がわが子の不登校によって周囲から理解されなかった自分自身を委ねられる場であると感じます。

そして、新参者は古参の親から子どもへの対応方法のアドバイスを受けたり、子どもに寄り添って対応した体験談をきいたりすることで、自分自身の子どもとの関わりを相対化して捉えることが可能となっていきます。またそこで、これまでの自らの子育てを見つめ直し、母親／父親としてどうすべきかを自分なりに考えようとしています。

この過程で、父親は親同士の交流、特に同性の父親との交流を通して、子どもに寄り添う父親として子どもに関わろうとして、これまでの希薄化した子どもとの関係を埋めようとします。とりわけ父親にとっては、会において同性の父親の参加が少ない中にあって、同性の父親との交流、父親モデルは重要な位置づけを有していることがうかがえます。会におけるわが子の不登校という同じ体験の共有とそこから得られる自他の感情の共有、不登校への対応に関わる情報の共有が行われています。

親の会で親たちが子どもを尊重した対応方法、子ども中心主義の対応方法の基盤に、不登校への捉え方があります。会では、わが子が不登校という行為で今日の競争主義的社会、ひいては競争主義的学校教育制度に異議申し立てを行っていると解釈します。これにより、母親／父親たちに一日中家で過ごすわが子への大きな認識の転換を招来するのです。

わが子の不登校を理解しようとしても、怠惰な行為であるとしか理解できないでいた親たちにとって、親の会において、わが子の不登校＝社会、学校教育制度への異議申し立て行為であると捉えることは、子どもを尊重する態度を親たちに求めると同時に、親たちが自らの子育て役割を非難されないという点で、とりわけ母親たちにとって母親役割の自己責任論から少なからず解放されることになるのです。わが子の不登校が競争主義的な社会、学校教育制度の問題として生じているとする捉え方は、とりわけ母親たちが母親の養育責任として周囲から責められ、孤立感を深めていた中にあって救われた思いを生じさせることになります。

親の会では、不登校を直接的に親の養育態度の原因であると捉えない点に大きな特徴があります。母親／父親たちは不登校を肯定的な枠組みで捉えることで、わが子の不登校への認識を否定的まなざしから肯定的まなざしに転換し、新たな認識変容を遂げていきます。

登校拒否は、人間社会を変えようとしている。社会に対して、信号を送っている。［橋本さん］

子どもの気持ちを考えて、今の子どもたちが生きやすい、生きてて楽しい学校になってほしい。［小宮山さん（保育士、調査時四十代・わが子の不登校が始まった当時四十代）］

母親／父親たちのわが子の不登校を肯定的に捉え直す試み、認識変容の在り方が彼女／彼らに学校教育をより良くする運動へと志向させる契機を用意します。ただし、母親／父親たちがこうした不登校への捉え方を受け容れることは、第四章で見たように、これまで競争主義的社会の中でいかに生きてきたのかを問い直す作業を親たちに強いることにもなるのです。

わが子が不登校という行為で競争主義的学校教育制度や社会に異議申し立てを行っているとする見方を受け容れれば受け容れるほどに、彼女／彼らは自分自身のこれまでの生き方を問い直し、集団に埋没していた自らを反省的に振り返り、自分らしく生きること、自立して生きることを模索していきます。親の会における不登校への捉え方によって、母親／父親たちはいかに「自立」して生きるかという果てしない試みを開始しています。これまでの従順に家事・子育て役割を遂行する母親像や経済的扶養を中心として家族を支える父親像を反省的に振り返りながら、これらの役割に束縛されない自分なりの生き方、ジェンダー役割を越えた新たな生き方を模索しています。

ただし、母親／父親たちのこうした新たな生き方、性別役割分業からの解放は夫婦関係においてのみのものであり、親子関係においてはより一層子どもを中心にした関係が家庭内で強化されていきます。会の不登校への捉え方は、わが子の不登校を怠惰な行為であるとしか捉えることができなかった親たちに、肯定的な意味づけを与えることになるのです。母親／父親たちは子どもに受容と共感で寄り添うこと、子どもの意思を尊重することを中心にした対応を行っていきます。そして、親の会での子どもを尊重した対応方法を夫婦のどちらかが認めない場合は、夫婦関係の解体もあり得ることとして、彼女／彼らは子どもに寄り添う親であろうとしています。

それは、母親にとっては母親役割の再生産を、父親にとってはケアラーとしての新たな父親役割の創造を志向させるものとなっています。子ども中心の対応方法により、家庭生活は子どもへの過剰な配慮で営まれていくことを余儀なくされます。そうして、親たちは不登校状態からいつ立ち上がるとも知れないわが子と対峙しているのです。ある母親は、中学生の進路に関する分科会の場で、息子のことについて次のように語っています。

学校だけが大事ではないとわかっていても、やはり学校に行っていないわが子を見ると……。

不登校によってわが子は異議申し立てをしているとする肯定的子ども観と目の前の子どもとのズレは、常に存在します。だからこそ、親の会での不登校への肯定的な捉え方が親たちにとっては拠り所であり、それゆえに親の会は親たちにとって重要な位置づけをもっています。よくきく話に、会へ参加してから二、三日は大きく構えて子どもを見ていられるけれど、一週間も経つと子どもの不登校状態にイライラしてきて、次回の会合が待ち遠しくなるということがあります。母親／父親たちは親の会への参加を通して、わが子の不登校からの立ち上がりを「信じて・任せて・待つ」とする意識・態度を再生産しながら、日々いつ立ち上がるともわからないわが子と対峙しているのです。

第六章

不登校問題と現代家族

——今、大切なこと

親子関係を中心とした日本の家族

本書の母親たちは既存の母親役割の中でより子どもに寄り添う母親となり、父親たちは家族を経済的に扶養する自負や威厳のある父親像を解体し子どもに寄り添うケアラー役割中心の父親へと移行します。わが子の不登校問題は、母親役割／父親役割というジェンダー問題と関連し、子どもを中心としてこの一大事に対応するために、母親は既存の母親役割を懸命に果たそうとする点でジェンダー役割を再生産し、父親は子どもに寄り添うケアラー役割中心の新たな父親像を創出しようとしています。子どもを中心に、子どもに寄り添い子どもを守るという親役割をもとに、家庭内は、近代家族の特徴である子ども中心主義が強調され、子どもへの過剰な配慮で展開されていきます。

母親／父親たちは、夫婦関係を解体してまでも、子どもに寄り添い子どもを守るという親役割を必死に果たそうとしています。不登校などの子どもに関わる問題では、家族外の外部環境の変化、例えば不登校への肯定的まなざし、不登校児童生徒への支援体制の構築といったことが大きく望めなければ、子育てを家庭の責任、親の責任とする言説（広田、一九九九：本田、二〇〇八）のもとで、子どもに寄り添い子どもを守るという親役割が強固になり、家庭内はより子どもを中心に親子の親密な関係の中に閉じていきます。

日本の家族は、親子関係、とりわけ母親と子どもの関係が重視されます。それは、本書の不登校への対応においても、子どもを中心にした関わりに表れています。子どもも中心の家族関係において、子どもに関わる問題が生じた際に、日本では夫婦関係が軸ではなく、夫婦でともに子育てをする環境にはないだけに、子どもの養育で日頃よく関わる母親が責められる傾向にあります。子育てに参加する男性も増えたと言われていますが、実際の子育てはいまだ母親に任せられているのが現状であり、子育てを夫婦がともに担っていくというもとで、日頃から子どもに関わる話し合いを重ねていれば、本書に登場する母親／父親たちの孤立した状況は幾分か変わっていたでしょう。

日本の場合は、依然夫と妻の間に男性＝職業役割、女性＝家事・育児役割の性別役割分業が根づいています。したがって、妻が夫に不登校の子どものことで要望を出したとしても、夫は日頃から関わっていない分、また夫婦間で子どものことについての話し合いをそう多くはしていない分、どうして良いのか見当もつきません。夫婦関係をいかに取りもつのかが問われます。共働き世帯が増加し、夫婦がそれぞれの異なる世界で生き、また専業主婦であってもそれは同様であり、日頃はお互いのそれぞれ別々の生活に勤しんでいる夫婦が、夫婦の時間をもつこと、お互いの考えや気持ちを言い合える関係が大切であり、そういう場と機会の捻出が求められます。それが、子どもに関わっての問題、またその他の家族問題が生じた際に大きな鍵を握るのではないかと思います。

子どもの問題＝家族の責任？

不登校は、学校に行かない、学校に行けない子どもたちの問題であり、その子どもにどのように関わるかが大切であると考えられますが、その背後で、これまで見てきたように親も相当に苦しんでいます。したがって、子どもとともに、親をどのように支援していくかを同時に考えていくことが大切です。

子どもに関わる問題は、不登校に限らず、親の責任とされる傾向にあります。親が子どもの養育に第一義的責任をもつことを否定しませんし、その通りではありますが、以前に比べて親の責任、家族の責任を過度に課す社会になっているように思えます。こうした中で、子どもに関わる問題が生じた場合、親は、どのように対応して良いのか、何が良くて、何が悪いのかわからず、家庭の雰囲気は閉塞感に包まれ、負のスパイラルが表れてくるのではないでしょうか。

私たちは、生活の中で時に大なり小なりリスクを経験します。それは時に自分一人の力ではどうにもならないことがあります。私たちが経験するリスクは、これまでは地縁・血縁ネットワークの中での解決が目指されてきたのですが、こうした既存のセーフティネットの崩れの中で、様々な被害やリスクを自己責任として個人が引き受けていく「リスクの個人化」状況が生まれています。

この「リスクの個人化」の一つが、不登校への対応を各家庭に一任するということでしょう。子どもの学力が、家庭の経済力や教育力に関係し［苅谷、二〇〇二］、家庭教育への関心が高まりを見せていることもあり［本田、二〇〇八］、子どもの教育に対して各家庭に求められる比重が以前にも増して高まっています。そしてそれは、子どもの教育に力を注ぎ込める家庭と、そうではない家庭を当然のごとく招来していきます。

したがって、親の不登校対応に関わる情報や経済力、ネットワークなどが子どもの不登校への立ち上がりに影響することもあり得ます。諺の「親はなくとも子は育つ」は、今や死語になりつつあるのではないでしょうか。

家族社会学者の松木氏（二〇一三）は、子育て支援関係者へのインタビューから、現代は子育て支援が以前に比べて進展していますが、支援が家族の育児責任を前提にして成立していることに言及しています。したがって、支援を受けても結果的に家族がいかに責任をもって対応できるかが問われ、親の責任のもとに、親は支援を受けても休まることのない窮地に立たされることがあります。

支援者は、家族の大変さに想いを寄せ、それぞれの家族が置かれた状況に共感のまなざしをもって、支援をすることが求められます。それは不登校の子どもをもつ親たちへの支援においても同様であり、ともに歩もうとする姿勢が大切になってくるのだと思います。

ともにあり、ともに歩む

本書の母親／父親たちは、これまで見てきたようにわが子の不登校を、自分のこととして受け止め、親としての役割を果たせない自分を責めていました。また、平成十八年度に中学三年生で不登校状態にあった子どもを対象としてその五年後に実施した追跡調査［不登校生徒に関する追跡調査研究会、二〇一四］では、不登校のときの気持ちを尋ねています。それによれば、「自分自身は悪いこととは思わなかったが、他人の見方が気になった」が、「そう思う」二三・三パーセント、「少しそう思う」三七・五パーセントで合わせて六〇・八パーセントであり、「学校へ行きたかったが、行けなかった」が、「そう思う」二七・七パーセント、「少しそう思う」三一・一パーセントで合わせて五八・八パーセントという結果でした。これらの結果から不登校であったことは多くの子どもにとって、マイナスのイメージとなり、学校に行けない自分を責める事態ともなっていることがうかがい知れます。

親も子どもも、自分を責め、追い詰められている中で、私たちにできることを考えていきたいと思います。

第四章と第五章で登場した橋本さんの子どもは小学四年生の秋の運動会の練習が始まった頃から体調不良を訴え、友人が叱られているのを見ると自分が叱られているようにドキドキすると訴えていました。その後子どもは神経質になり、様々なチック症状が現れ、学校へ行ったり行かなかったりする状態となりました。小学五年生に進級するとまったく学校へ行かなくなり、以後中学校を卒業するまで学校へ行かない状態でした。

橋本さんは当初、子どもが「学校へ行きたくない」と言うのを無理に自転車に乗せて登校させていたようです。担任教師が毎朝自宅に迎えに来ては橋本さんを責めるので、橋本さんは教師の手前もあり、自身の子育てが悪いと言われることに恐怖感を覚え、子どもを叩いてでも無理に登校させようとしていました。しかし、子どもは自室に閉じこもりの状態となり、「電話の音が恐い」と言って電話線を切り、「時計が自分のほうに襲ってくる」といった言動を取るようになりました。

橋本さんはこのような中で、「この先、どうなるだろう。もしも私らが死んだら、この子どうなるだろう」という切迫した思いを抱きながら、種々の相談機関を訪問していきます。あるときには自宅に祈祷師が訪ねて来て、「ここが悪い。あそこが悪い」とわが子の不登校の原因を家の方角が悪いことによるとされ、祈祷師から言われるままに橋本さんは何百万円もかけて自宅の改築工事を行っています。

その後、橋本さんは、何を信用していいのかわからずに鬱状態になり、自宅に閉じこもった状態が続いていましたが、偶然目にした広報誌で親の会の存在を知り、藁をもつかむ思いで会へ参加しました。橋本さんは初めて参加したときのことを回顧しながら、次のように語っています。

自分の辛い気持ちを話していると自然に涙が出て。ここは、私を責めずに、私の話をずっときいてくれて。ありのままでいられる場所だと思った。

様々な相談機関を訪ねては、これまでの自身の子育てを批判されていた橋本さんが、親の会を自身の居場所として感じられたと述べています。ある母親は、この橋本さんのようにしてようやく親の会にたどり着き、受付での「よく来たね」の一言に救われた思いがしたと話します。これまでのわが子の不登校による苦悩を話すことができる場の大切さと、これまでの子どもの関わりで試行錯誤してやってきた、その大変さを受容する姿勢の大切さがあります。この親の会の支柱となっている共感的な関係は、とりわけ支援において重要なものです。臨床心理学者で、不登校の子どもや親を長年カウンセリングしてきた高垣氏が、不登校からの立ち上がりに大切だと強調する「自分のダメなところや弱いところ、悪いところも含めて自分が存在していることはいいことなのだ、許されているのだと、自分をまるごと肯定する存在レベルの自己肯定感」[高垣、二〇〇四]は、この共感的な関係を基盤にして子どもや親に育まれていくものだと思います。現に親の会で母親／父親たちは自らのこれまでの生き方を問いながら、高垣氏の指摘する自己肯定感を育んでいます。そうして、会で不登校後の見通しを得て子どもへの対応方法を学んでいるのです。そして、ここで、学校に行かない・行けないわが子のありのままをいかに受けとめられるかが問われてきます。

　自分のことを心配してくれる、気にかけてくれる、受け止めてくれる、そういった関係の中で、私たちは困難に遭遇したとしても前に進もう、歩もうとする気持ちが生まれて来るのではないかと思います。ただし、こうした関係が、今や少なくなってきているように思えるのは、私だけではないでしょう。それは、上から目線の教条的なものではなく、同じこの時代、社会を生きる者としての困難さをわかちあいながらともに歩む姿勢ではないでしょうか。そこに支援の根幹があるように思います。

　本書の母親／父親たちの軌跡を通して、安全・安心基地となる場・機会の創出とともに、そうした場で休養を取って必要なエネルギーを充電したときに、新たなステップに向けて一人一人が必要な力を育んでいくこと、この両方が求められるのだと思います。そして、それはつながり合う関係の中でこそ得られるものです。

あとがき

本書は、わが子の不登校に向きあう親御さんたちの軌跡を辿りました。不登校親の会で、多くの親御さんたちからお話をうかがう中で、不登校問題の現実の一端を表し、解決に向けての方途を見出したいとの思いで進めてきました。本書は、博士論文『「不登校」児家族の変容過程とセルフヘルプ・グループの役割 ―「不登校」児親の会をてがかりにして ―』（二〇〇七年度、大阪市立大学）をもとに、親御さんたちの語りを中心に、新たに「第一章　昨今の不登校の現状」、「第六章　不登校問題と現代家族―今、大切なこと」を加え、一般書としてまとめたものです。

文芸社の担当者の方に刊行のお話をもち掛け、出版するまでにおおよそ七年の月日が過ぎてしまいました。それは、不登校の親御さんたちの現実を真に言い表せているのか、何をメッセージとして伝えられるのかに、戸惑い、苦悩した過程でした。博士論文を提出した頃の私と、博士論文提出後十数年が経ち、家庭や仕事のことで様々な役割をこなしながら過ごしている現在の私では、少なからず家族をみる視点、家族への捉え方が変化してきています。そのあたりをどう表すことができるのか、その点が最も苦悩した点でした。こうした点も含めて、本書をより多くの方にお読みいただき、ご意見をいただければ幸いです。

不登校親の会を、大阪教育大学の故木田淳子先生にご紹介いただき、多くの親御さんたちに出会う中で、当時青年期にあり、これからの進路に迷う私は、今後の生き方について考える機会を得、将来へと歩み出す希望を得ることができました。人は、出会いを通して変わり得ることを実感をもって知ることができました。

ここで、本書を刊行するまでにご指導いただいた先生方について記させていただきます。

木田淳子先生には、家族研究の奥深さ、大学で教えることの面白さを教えていただきました。先生のように、誠実に真摯に教育や研究に携わることは、まだまだできていませんが、少しでも先生に近づいていきたいと思います。先生のご専門の家族関係論について、大学院生として学ばせていただいた時間は、何物にも代え難いものです。

また、木田先生とともにご指導いただいた放送大学の奈良由美子先生には、研究者としての姿勢、文章を的確に書くことの大切さと厳しさを学びました。当時の私は、研究の何たるかも知らず、先生には大変ご迷惑をおかけしたように思います。

そして、一から社会学を教えていただいた故森田洋司先生には、時に厳しく熱いご指導をいただき、社会学的な問いの立て方や問いをいかに深め、追究していくのかを学びました。先生のように、スマートに現実社会を捉えることはできていませんが、少しずつでもそうできるように努力してまいります。森田洋司先生が大阪市立大学を退官されてから研究指導を受けた進藤雄三先生には、ポストモダン論などの社会学理論を学ぶことができ、個々の事象を総合的、全体的にみる視点の大切さを学びました。先生のゼミや読書会でのお話はいつも興味深く、私もこのように研究の楽しさを学生たちに伝えていきたいと思いました。ご指導いただいた四人の先生方に深くお礼を申し上げます。

また、お名前は申し上げませんが、不登校親の会の皆様方をはじめ、本書の内容についてこれまでご助言いただいた方々に感謝いたします。本書が刊行できますのも、多くの方々との出会いによるものです。

令和三年度の不登校の小・中学生が、二十四万四千九百四十人に上りました。どのような支援や体制が求められるのか。本書が、少しでもお役に立てることを切に願います。

自宅の滋賀から、故郷高知に想いを馳せながら

参考文献一覧

【第一章】

不登校問題に関する調査研究協力者会議、２００３『今後の不登校への対応の在り方について』
不登校生徒に関する追跡調査研究会、２０１４『不登校に関する実態調査 ― 平成十八年度不登校生徒に関する追跡調査報告書 ―』
不登校に関する調査研究協力者会議、２０１６『不登校児童生徒への支援に関する最終報告 ― 一人一人の多様な課題に対応した切れ目のない組織的な支援の推進 ―』
現代教育研究会、２００１『不登校に関する実態調査（平成五年度不登校生徒追跡調査報告書）』
平井信義、１９６６「School phobiaあるいは登校拒否の諸類型と原因的考察並びに治療について」、日本臨床心理学会編『臨床心理学の進歩 １９６６年版』誠信書房、pp.80-90
文部省初等中等教育局、１９９２『登校拒否（不登校）問題について ― 児童生徒の「心の居場所」づくりを目指して ―』学校不適応対策調査研究協力者会議報告
森田洋司、１９９１『「不登校」現象の社会学』学文社
森田洋司編、２００３『不登校 ― その後 ― 不登校経験者が語る心理と行動の軌跡 ―』教育開発研究所
佐藤修策、１９５９「神経症的登校拒否行動の研究 ― ケース分析による ―」、岡山県中央児

童相談所編『岡山県中央児童相談所紀要』４、pp.1-15
滝川一廣、１９９６「脱学校の子どもたち」、井上俊ほか編『こどもと教育の社会学』岩波書店、pp.39-56
玉井収介ほか、１９６５「いわゆる学校恐怖症に関する研究」、国立精神・神経センター精神保健研究所編『精神衛生研究』⒀、pp.41-85
渡辺位、１９７９「登校拒否の病理（発現のメカニズム）とその対応」、地域保健研究会編『月刊 地域保健』５月号、pp.26-38

【第二章】
落合恵美子、１９８９『近代家族とフェミニズム』勁草書房

【第三章】
細谷純、１９９９「峠はるかに ― 登校拒否の息子と歩む ―」、高垣忠一郎・壬生博幸編『親たちの「思春期」攻防戦』大月書店、pp.18-30
松居公子、１９９０「親たちの育ちあいと教育相談 ―「登校拒否を克服する会」の活動について ―」、教育科学研究会編『教育』40⑽、pp.15-23

【第四章】

羽田勇子、１９９５「先生や親の理解が子どもを救う ― 子どもとともに歩んだ6年間 ―」全日本教職員組合１９９５年度教育研究全国集会発表集、pp.1-7
伊藤公雄、１９９３『「男らしさ」のゆくえ ― 男性文化の文化社会学 ―』新曜社
伊藤公雄、１９９６『男性学入門』作品社
木田淳子、１９９４『家族論の地平を拓く ― 競争社会・性別分業・「母性」―』あゆみ出版
中河伸俊、１９８９「男の鎧 ― 男性性の社会学 ―」、渡辺恒夫編『男性学の挑戦 ―Yの悲劇？―』新曜社、pp.3-30
落合恵美子、１９８９『近代家族とフェミニズム』勁草書房
大阪教職員組合・大阪教育文化センター「親と子の教育相談室」編、１９８９『「登校拒否」を克服する道すじ ― 相談においでの方のために ―』大阪教職員組合・大阪教育文化センター「親と子の教育相談室」
多賀太、２００６『男らしさの社会学 ― 揺らぐ男のライフコース ―』世界思想社
山田昌弘、１９９４『近代家族のゆくえ ― 家族と愛情のパラドックス ―』新曜社

【第六章】

不登校生徒に関する追跡調査研究会、２０１４『不登校に関する実態調査 ― 平成18年度不登

校生徒に関する追跡調査報告書―』
広田照幸、１９９９『日本人のしつけは衰退したか―「教育する家族」のゆくえ―』講談社
本田由紀、２００８『「家庭教育」の隘路―子育てに強迫される母親たち―』勁草書房
苅谷剛彦、２００１『階層化日本と教育危機 ― 不平等再生産から意欲格差社会へ ―』有信堂高文社
松木洋人、２０１３『子育て支援の社会学―社会化のジレンマと家族の変容―』新泉社
高垣忠一郎、２００４『生きることと自己肯定感』新日本出版社

著者プロフィール

松本 訓枝（まつもと くにえ）

出身県：高知県
学位：文学博士
専門分野：教育学、社会学
現職：岐阜県立看護大学准教授（教職科目担当）
最近の論文：松本訓枝、「ひきこもりと家族支援 ―家族関係学の可能性―」
（日本家政学会家族関係学部会『家族関係学』40巻、pp.81-91、2021）
松本訓枝ほか、「ひきこもり状態にある子どもの親が語る困難」
（岐阜県立看護大学『岐阜県立看護大学紀要』18巻1号、pp.101-111、2018）

わが子の不登校に向きあう親たちの軌跡

― 葛藤を越えて家族が歩みだすために ―

2023年5月15日　初版第1刷発行

著　者　松本 訓枝
発行者　瓜谷 綱延
発行所　株式会社文芸社
〒160-0022 東京都新宿区新宿1－10－1
電話 03-5369-3060（代表）
03-5369-2299（販売）

印刷所　神谷印刷株式会社

ISBN978-4-286-19122-5

時代の変わり目、今、中小企業が考え、やらねばならない経営

〈戦略的発展への覚悟〉について、

1、今、時代は「明治維新」「第二次世界大戦」に次ぐ大きな変革期。こんな時でも平常時に良い会社は大丈夫、と他人事にしている人が少なくありません。余りにも楽観的にすぎます。

今の状況をどう見るか、自社の生き方にどう活かし反映させるか、イコール会社の経営のやり方（事業・組織・経営のやり方の再構築）に活かすチャンス。

2、理由は、「衣食住医・愉しみや便利へのサービス」の基盤である社会インフラ（社会整備）や産業構造の変化が大きい現実です。例えば、デジタルネットワークによる便宜性は「衣食住医やサービス・決済、情報発受加工から管理・監視等」生活全般に及ぶ現実があります。

有店舗が減少、オンライン決済・授業、ネット情報氾濫、、産業構造激変……。加えて人口減少、総需要減退、この現実をどう捉え対応するか、それをビジネスチャンスと捉え、

「今の延長線上と関連領域の中で自社の今後の展開を考える」ことです。大企業の系列やサプライチェーンにある会社は一見、「安定」しているようですが、親会社（元請）の意向で命脈を絶たれることは今日にも起こり得るのです。

コロナ禍の現下、星野リゾート社長が〈減収額・経費削減幅・資金調達〉の現状から自社の倒産確率30％を算出（2020年7月6日、日経6面）。現実を直視し「あり得る万が一」を想定し社員の覚悟と意識喚起をしています。自動車産業はＥＶ化が顕著で全方位（ガソリン・ハイブリッド・電気・水素……）志向の大手メーカーは的が絞り切れずにいます。ＥＶシフトは今までの系列を外す方向でしょう。

あらゆる業界・業種・業態・業容に関わらず「変わらなければならない」、との警告と大荒海への水先案内です。

戦略とは、3～5年先の「現事業」を核として、今後の経営環境と関連事業を考え2、の整理と実践のために、自社目的とやり方に合わせ経営のやり方を再構築すること。再構築とは成長への道筋に先立つ今を生き残るために自社はどうあるべきなのか。ヒト、モノ、カネの三要素をゼロベースで見直す。ポイントは「ないと困る、あれば嬉しい」。新しいことを考えるだけではなく、現在を考え直すことはリストラクチャー（再構築）につながります。

「現状維持を……」、このような考えで現状維持はかなうはずはありません。発想も実践もすべては前へ進むことからしか生まれません。

「生き残り、生き延びる」のです。眼前の相手、自分自身との戦いであり挑戦です。

増補

―ウエルシアの経営に学ぶ―

「差別化を以て戦わずして勝つ」戦略は、
『お客さん、社員、会社の三位一体』の実践哲学に根ざす！

紹介

店頭に〝ウエルシア〟と掲げられた周知のドラッグストアは全国いたるところで見られます。東京に本拠を置き、ここ2、3年で名古屋・北陸・関西へと着実に商圏を広げ、中国・四国に至らんとしている今の年商は1兆円チャレンジの水準に。

私はコンサルの仕事を生業《なりわい》として40年越え。その間、全くのゼロからスタートして年商1兆円規模に育った企業を近くで目にしたことはありません。

会長である池野隆光氏は私の親しい友です。（友のビジネスには関わっていません）

共に屋外バレーコートを駆け回り、真冬には、かじかむ手に暖かいい息を吹きかけながら淀川堤を走り競い、真夏には又、あのギラギラ照りつける太陽の下、、逍遥の日々を送ったあの時が、今想えば青春の譜を編む最中でした。

池野氏が自らの思いを述べる、「差別化を以って戦わずして勝つ」では、ウエルシア経営の中で無事では済まなかったであろう45年の軌跡の中で修得し体に染みついた経営への考え方とやり方その足跡と、これからへの熱い思いが、飾ることなく自らの思いとして語られてます。

コンサルの仕事をしてきて、このように熱く、温かく、軸足のしっかりした率直な経営への思いを易しく解りやすく語られた言葉を知りません。

経営トップの言葉を、そのままご紹介します。

「ウエルシアは誇り高き企業集団を目指す」

ウエルシアホールディングス 会長　池　野　隆　光

ドラッグストア各社にはそれぞれ自分達で築き上げられた素晴しいビジネスモデルがあります。マツモトキヨシ、サンドラッグもそうです。

しかし、そういった企業を私達の目標にはおきません。なぜなら、同業者を目標にしてはそれ以上になることはできないからです。

業界は異なりますが最近のトヨタの宣伝は、「車を売る」と言うイメージから「人の移動を支える」モビリティというイメージに変わってきています。よい車を作るのは当たり前であり、その上に「他社の追随を許さない経営理念がある」と謳っています。

では、われわれウエルシアは何を「旗印」にすべきでしょうか。未来の小売業は「売る」ことと同時に何を実現すべき企業体なのでしょうか。

同業者同士が足をすくい合う競争関係ではなく、未来を明るくするための理念の実現を希求し続けてきてこその今のウエルシアです。

そこで小売業の私達のとってのビジネスモデルの一つとして「セブンイレブン」があります。

（1）「誰も考えつかなかったドラッグストア」を

セブンイレブンのあの誰もが考えつかなかった店舗、狭い店舗にぎっしり多様な機能を詰め込んでいます。コンビニが誰も考えつかなかったことを実現し、「人々の暮らしを変えた事実」は大きな流通革命です。

私たちもそうあらなければなりません。今のドラッグストアは物品販売業です。これからは物が動く前に情報やサービスが動く、その結果が物であったりお客さんの要望に応えることになっていく。コンビニ業界は今に至る間、沢山の課題を一つひとつ考え、解決してきたはずです。私達もその意があれば考え実践できます。自前でやる苦労は苦しんだ分だけ得意なものに変わっていきます。自分たち自身で考え創るのです。

(2) 地域が潤うものは何か

商品開発もそうですが、思いの強さがお客様に受け入れられるための大切な要素です。ナショナルブランドを真似するのではなく、お客様のために自分たちでよいものを作ろう、と開発した商品はお客様に受け入れられます。

軸をブレさせずに自前でやる事が大切です。自前でやるために、地域と組み地域の資源を活用したいのです。

例えば、茨城のサツマイモと組み何かを作るなら何がよいか、当社が開発販売する事で生産者、地域が潤わなければなりません。ウエルシアは小さな企業でも商品化するとなれば相当量の原料を使います。そこに通じる商品開発が必要ですし続かなければなりません。

そうすれば生産量が上がり地域全体が潤うのです。

また、店舗の広い駐車場を活用し、来店されるお客さんと近くの農家に無料開放し、付近で栽培されている米や鮮度の高い野菜、果物等の作物を〈地産地消〉して貰っています。

お客さんにも喜んで頂いてます。

（3）商品開発には「憲法」が必要

地域にあった商品を開発販売しても一過性のブームで終わらせてはなりません。セブンイレブンではPB商品をリニューアルし続ける強さがあります。だから、散発の思いつきであってはならず、開発担当には「ルール＝憲法」をつくり、地域や他企業とのコラボしてのモノづくりでは関係ある部門を繋ぎ商品ごとの担当者の考え方やセンスで全体がブレてはならない、と言っています。

商品は時代、お客様によって変わっていきます。単に「美味しければよい」「売れていればよい」ではなく、価値あるものを常に変化させながらブラッシュアップし改善する事で10年の商品生命を保てるのです。

仕入先、お客さん、ウエルシア間の〝信頼〟関係に基づくルール＝憲法に則り変化し続ける事が、コラボの相手、地域に役立つのです。

（4）ウエルシアの社員は高給とりが多い!?

ウエルシアの社員は給料が高い、と聞くことがあります。

高い報酬は仕事の対価として大切で、従業員の満足度は上がり自らの労働価値を自認できますし自らを高めていくための気持ちにもつながります。

年収や資産を増やすための方策として、社員持ち株制度があり、給料天引きで、購入額の8％を補助し、別途従業員持ち株信託制度があります。優遇、との声もありますが会社にとって一番大切な従業員への分配には、高すぎるという言葉は当てはまらないと思っています。

実質的に従業員の財産形成を支援し、お客様満足と支える従業員満足を一致させる、それがわが社のモットーなのです。従業員満足とは、自らが満足できるまで成長することで自信をもって、お客様の満足度を高めてお互いの満足度を高めていく姿勢を意味します。ウエルシアには多くの専門家がいます。お客様の問題解決の大きな力です。だから付加価値・生産性が高いのです。

(5) 介護離職ゼロを目指す。辛い時には会社に愚痴をこぼしに来れば

私は従業員の介護離職をゼロにしたいのです。

シフト体系の構築や休暇取得、従業員の声が通りやすい風通しの良い職場にしたいのです。やむなく介護で離職しようとしている人には「会社に愚痴をこぼしに来なさい」と話

しかけ少しでも会社とのつながりを維持してもらおうと、思っています。会社と従業員の間は、そのような関係であるべきだ、と思っています。

会社に何の遠慮もいりません、お互い様です。ほんの少しでも会社とのつながりを維持したまま愚痴をこぼしに出社して、又家に帰ればよいのです。そうすることで、介護を続けるエネルギーも湧いてくるだろうと思ってます。

ウエルシアの一員であること、労働をすることには決して時間の条件があるわけではありません。私達の仲間として、お客様に喜んでいただくために大切なことは「時間」と「仕事」の『質』なのですから。

「とにかく頑張って会社にも出てこい」ではなく、従業員と悩みや苦しみを共有することで介護に伴う精神面の負担が軽減される、と思うからです。

社員とパートの違いは、労働時間以外はそれ程の違いはありません、パートは単に短時間しか働けないからという理由だけ。

肩書きや立場よりも、一人ひとりが時間を自由に選択でき介護に押しつぶされず自由に働き方を選べる環境づくりが大切です。整備することが私の仕事だと思っています。働くだけでなく元気になる会社、社員の生活を楽しくする会社でありたいものです。

(6) ウエルシアは「金の卵」を生み続けます。

２０１４年、ウエルシアが年商３３００億円の時、ウエルシアから申し入れてイオンのグループに入りました。

イオンは日本の小売業の圧倒的ナンバーワン企業です。さまざまな小売を手がけ蓄積されているノウハウは貴重ですし磨かれたＰＢは素晴らしい。

ウエルシアが独自に成長するスピードとイオンの信用とノウハウを取り入れて成長するのとは明らかにスピードも可能性も異なります。

又、イオンが大切にしている「社会を支える」との考え方は、中国やベトナム、カンボジアでの植樹や東南アジアからの学生の受け入れにもあらわれており、ウエルシアの考え方と軌を一にしています。

「何のためにドラッグストアをやっているのか」と考えた時、イオングループなら自由な営業活動が保証され、一人ひとりの社員を大切にする社風を醸成できる、と考えたのです。

そのためにもイオングループ３００社の中で最も信頼される会社で「金の卵を生み続け」輝き続ける決意です。

(7) 古来からの封建社会思想、士農工商の「商」だからこそ、強い「意」で頑張りお客様への力を業界・ウエルシアの力に

以前、ある企業人とお話をしていて「国はまだ士農工商」の順で物事を考える、との話がありました。理由は、国は未だに商人は黙ってなんでも言うことを聞く、と思っている、との話です。軽減税率のような政策をあれこれ入れ込んだ挙句、負担は小売に押し付ける。人気とりの場当たり政策のために我々に負荷をかける、との話です。

お客様の声は私たちには届くが国には届かない……。税のばら撒きの血税は結局、小売業の負担で終ってしまう。

我々で政策を変えられなくても、せめて、だからこそ、お客様にストレスなく納得して買い物をして頂ける環境を整え、「こんなことをやってる会社だから、ここで買いたいよね」と言っていただける店づくりに努力しています。

(8) 誇りをもてる会社であるために

①シャネルを買うお客様にウエルシアに来て頂きたい

つっかけ、サンダル、ジャージ姿も気楽でよいのですが、「ウエルシアに行く時はいい

服装で行こう」、そのような店舗になろうと思っています。ドラッグストアで販売している商品は医薬品・化粧品・食品中心ですができればシャネルを買うつもりで来店してもらえるような店舗でありたいし、それに見合う接客、サービスをこれからも追求していきたいのです。

地域の人たちの健康や美容を支えていくためにも、誇り高き商人像を求めていかなければなりません。

そうすることで「ウエルシアで買いたいね」と思ってもらえるのです。

②この店で頑張ることがお客様の幸せになる

誇り高い店になること、それは「お客様を裏切らない」「お客様を豊かにする」、この二つの思いで真摯に向かい合うことだと思います。このような人の集まりが店であり会社になっていきます。

単に商品を販売して稼ぐビジネスではなく、購入して利用した後に「よかった！」と思っていただけることが私達のビジネスの基本です。

従業員が「この会社で頑張り続けることでお客様の幸せに通じる仕事が愉しくなる」、こんな喜びを日々共有し実感できる人達の会社、素晴らしいではありませんか！

お客様に寄り添いお客様の喜びを追求する、この思いを共有していきたいのです。

小さいところから学ぶ、私はこの考え方をM&Aする時には徹底していました。小さい会社は一人が何役もこなしています。現に私達が自分達より1.5倍規模の大きな会社と合併する時、私どもからは2人、相手からは20人での打ち合せ会議です。万事このとおりで、組織は一旦できると自然増殖するもの。

一旦できた組織は官僚化してしまうのです。

そうしますと、自然に経営者も幹部も、お客様との距離が離れていくのです。

お客様の愉しみは私達の喜び、一人ひとりが明るくあるために、私たちの輪を広げましょう。

以上

解説・経営者としての池野氏・ウエルシアについて

1、経営者として、どんな時も前を向き今の課題に全力を尽くす（例えば、拠点展開の考え方や方法）ブレない軸は、規制と対峙しつつ時流に沿っている、しかし意に沿わない無理はしない。目線はあくまで「お客さん、働く人」にある。佐渡島では「命の源・ウエルシア」とまで言われている。

2、「医食同源」を基本コンセプトに、経営は〈食・医・薬・暮らし・健康・地域共生〉を具体的な「生活ビジネスの核」として、領域を広げている。

3、「薬」を源とした関連領域の一つひとつを実にし、結果が規模の拡大（売上）とマネージメント努力（利益）に具現。

4、ビジネスの結果は間違いなく「人・人……」と人材を求め大切にする（職場環境、処遇、働き方、自社株購入）、でありながら、「大企業＝親方日の丸」排除。

5、結局、今に至るまでのヒトの力の蓄積であり集合体「ウエルシアの核」はリーダーとしてブレない考え方＝哲学が根本に在る。

個人的にも会社と併せて多額の大学、高校への研究費・寄附講座・設備負担と寄贈、今日もまた全国紙に2面にわたる意見提案広告。決してそれは自己顕示ではなく、「ビジネスを通じて世のため人のためのお役立ち」具現化を希求する彼自身と社員の方々がウエルシアの付加価値なのだ、と実感します。

私と公（会社）を分け、強烈なパワーと情熱で語る〝でっかい〟人間です。

池野氏の「生命をかけた」生き方、ど真剣さには息を呑みます。

ありがとう……と。

（2021・8・15　原　記す）

あとがき・ふたたびへの道

2年前まで年1・2度、第二の故郷であり青春の3年間を過ごした台湾・台中に出かけました。毎回、先輩、同期、後輩の信用で大学や政府機関で講演・講義をする機会がありその中でショックを受けた質問がありました。

それは「企業が最大利潤を得るために活動することは解ります。ではその先に何があるのですか」との問いです。

人も企業も「なぜ生きる」に通じる核心を衝く質問でしたが、微細で具体的な質問に及ばなかったものですから「そのご質問は企業レベルの問題ではありませんから少なくとも、この場で申し上げられることは、自由主義競争経済体制の下では企業の経営目的は『存続すること』に意義があります」と応じ、「『人はなぜ生きるか』と同様に哲学に関わるのでは？」と。

自分自身がコンサルとして経営現場に在りながら、学びの場をもとうと、近くの学校で〝経済・経営学〟講座に通い始め、同時に京都の事務所近くにある仏教学院で3年間の通信教育を受けながら先人・先達の書に接しています。

人類の営みの歴史で、紀元前にさかのぼる宗教の歴史と続く哲学の流れから経済学の歴史が始まり、未だ250年。今もこれからも意義が問われ続けるでしょう。対して企業経営は、農耕・狩猟、物々交換に始まる「人の営み」を原点として理屈抜きの実践現場があります。

「今の数字に仮説条件をつけ理論展開をしても現実と一致するはずもない。汗と知恵を絞り出しながら生き、日常の営みにある人に比べて経済学とは無責任な高見の見物学問か」と考えていました。

しかし、そうではなく、私見ですが、国が豊かであるために、個人が社会に価値を提供することにより富むことは、イコール人としての徳を積むことに通じる、という訳です。人に喜んでもらうことで富が蓄積されていく……。モラル（道徳）は、自由主義経済社会にあるからこそ「なぜ生きる」「利益の果てに何がある」の命題を問い直す一助となる問いかけでなければ。その意味では、数理・統計経済学の前に〝人・社会〟への学びは不可欠。

第二次世界大戦の戦前・戦中・戦後を生き抜いてきた人々にとって今の日本はどのように見えるのでしょうか。この方たちが生きてこられたこと自体が私たちの今歩むこの時を導き出す歴史の礎です。無駄に時を費消してはならないと自問しながらも情けなさにほぞをかむことも少なくありません。物的充足度で幸せか否かを測るなら、幸せの極みの今でしょう。でも、それが本当の幸せなのか、私には解りません。「感じ方」は、一人ひとりの今に至るまでの来し方とそれまでの生活背景、否、生まれ育った環境の中で育まれた自分達は、どうしようもなく自分自身なのですから。だからこそ習慣的で事なかれ従属的安住の地にとどまることなく歩きながら考え、旅の過程での愉しい日々でありたいと思います。

歴史と同じく、社史もまた、その時代を勝ち抜いた人の思いの中で語られます。社史をつくる目的は「温故知新」、旧《ふる》き（創業の心）をたずね、新しき（明日への）力に、です。会社の〝継続〟は〝創業〟より難しいと実感します。

歴史の瞬間のストップモーションが「生きるために何が必要なのか」を問いかけています。

昨日の続きではない明日のために、変わらなければならない、変えなければならない自分であり社会です。そのためにも、今やっていることを、地道にコツコツと、そして大胆に続けることでしょうか。

自身は「社史からみる創業者精神と今―原点の学び」を考え練り、形にできればと想います。「書くことは考えること」だ、と念じつつ。

30年を越えて研修会場のお世話になった西教寺Y・Hと比叡山延暦寺会館にあった掲額「一隅を照らす」。一度にではなく今自分がいる場でその時にできることに力を尽くそう、伝教大師（最澄）の言葉。アフガンで殉死された中村哲医師はその言葉に動かされ支えられたと。

カット写真をいただいた森田宏《ひろむ》さん（草津市在住）、編集を支援いただいた竹内信博さん（サンライズ出版）ありがとうございます。

また、滋賀県を中心とした伝統文化・風俗・宗教遺産、芸術、学術思想、社史に関する出版文化に特化寄与されるサンライズ出版社。異色の書として扱っていただき深謝します。

２０２１年9月10日

原　清

〈研修・教育用副読本〉一覧

エデュース・原 清の書籍 ―― 1981〜2021年

リーダー用

1.「精鋭リーダーへの道」
近代文芸社・1994年1月／2刷1997年1月
サンライズ出版・2021年8月31日
開催590回、参加者1.5万人を超える「リーダー研修」に供し、復刻再版。集団を目標に導くリーダーの使命と自覚、考え方に迫る。

経営者用

2.「アントレプレナーシップ経営の実践」
近代文芸社・1994年1月／2刷1997年1月
サンライズ出版・2021年8月31日
起業家・中興の祖と言われる経営者のセオリーを再版。

中堅リーダー用

3.「プロビジネスパーソンのあなたのためになりたい本」
エデュースはら事務所・1997年1月
復刻版　サンライズ出版・2020年6月
ビジネスパーソンの基本を知り実践する。

経営幹部用

4.「企業力」㈱エデュース・2001年1月
「中文版　企業力」
台湾・中国生産力中心・2005年10月
トータル企業力は、経営者のあり方・市場（マーケティング）・企画開発・営業・組織・マネージメント力・理念社風・中期経営ビジョンの実際にある。

経営者・後継者用

6.「実証・経営原則―継ぎ、続ける―」
サンライズ出版・2021年9月
マネージメントコンサルとして45年、会社（事業）継承と継続を原則と事例にまとめ体系化。2版ではウエルシアの創業者と経営事例を増補。

7.機関誌「企業と人」No.1〜145
エデュース・1981年3月〜2020年1月

8.「幸福《しあわせ》が目じるし創業者精神と今―原点の学び―」
現存し地歩を固める企業の原点について軌跡を知りその経験則と歴史から探る。（2024年1月発行予定）

■著者紹介

原　清（はら　きよし）

滋賀県彦根市生まれ

1969年　台湾・国立中興大学農学部農業経済研究所修士課程卒
工作機メーカーの倒産、会社更生法適用申請にともない勤務していた系列会社退社。

1975年　大手経営コンサルタント会社に約３年、誘いを受けたコンサル会社で５年の大阪勤務。

1982年　㈱エデュースコンサルタンツを設立。大阪・西天満で18年、京都・七条通りで18年。

2019年　彦根に戻る。

エデュース・はら事務所
E-mail　educekyoto.hara227@icloud.com

写真提供：森田　宏（もりた　ひろむ）

実証《じっしょう》・経営原則《けいえいげんそく》―継《つな》ぎ・続《つづ》ける―

2021年９月10日　第１刷発行

著　者　原　清
発行者　岩根順子
発行所　サンライズ出版株式会社
〒522-0004 滋賀県彦根市鳥居本町655-1
電話 0749-22-0627　FAX 0749-23-7720
印刷・製本　サンライズ出版株式会社

ISBN978-4-88325-738-6 C0034　Printed in Japan
定価はカバーに表示しています。
落丁･乱丁本がございましたら、小社宛にお送りください。
送料小社負担にてお取り替えいたします。

本書は、2020年に出された『実証･経営原論「継ぐ･つなぐ」』に加筆、改訂をしたものです。